《经营致胜》

这是一本献给中小企业经营者、管理者的书,是一个经营者通过实践来阐述经营的认知,但愿我们的企业都能基业长青,跨越巅峰!

——吴伟銮

经营致胜

吴伟銮 ◎ 著

图书在版编目（CIP）数据

经营致胜/吴伟銮著. —南昌：江西人民出版社，2022.10
ISBN 978-7-210-14080-1

Ⅰ.①经… Ⅱ.①吴… Ⅲ.①企业经营管理—研究 Ⅳ.①F272.3

中国版本图书馆CIP数据核字（2022）第137383号

经营致胜
JINGYING ZHI SHENG

吴伟銮　著

责任编辑：徐　旻
封面设计：上尚装帧设计

 出版发行

地　　　　址	江西省南昌市三经路47号附1号（330006）
网　　　　址	www.jxpph.com
电子信箱	jxpph@tom.com　　web@jxpph.com
编辑部电话	0791-88629871
发行部电话	0791-86898815
承　印　厂	南昌市红星印刷有限公司
经　　　销	各地新华书店

开　　本	720毫米×1000毫米　1/16
印　　张	19.25
字　　数	220千字
版　　次	2022年10月第1版
印　　次	2022年10月第1次印刷
书　　号	ISBN 978-7-210-14080-1
定　　价	78.00元

赣版权登字—01—2022—392

版权所有　侵权必究

赣人版图书凡属印刷、装订错误，请随时与江西人民出版社联系调换，
服务电话：0791-86898820

前　言
借物喻道

《孟子》曰："孔子登东山而小鲁，登泰山而小天下。"

曹操观沧海，而言："日月之行，若出其中；星汉灿烂，若出其里。"

山高可知水之长，鹰击长空而知其志。万物自有其道，自有其天然之理。

如何经营一家企业，一百个企业家有一百种经营说法，一百个学者有一百种管理方法。而此书的言论，实际上是剖开经营本身，阐述经营当中的所知、所学、所历、所感。在繁杂的事物当中，我们能否以经营的角度，借物解道，从中理出一丝丝线条，从中看到一丝丝亮光呢？

跟金者赤，跟墨者黑，我们从金、墨两物来喻创业的良好氛围与负面氛围，让读者明白自己的处境是否有利自己的前途。

风口的风起风落，来描述切入行业时间节点的重要性。众多的创业者、经营者往往跟风而起，但忘了风息的时候。

大海宽广而无垠，深不可测，远不到边，这不就是商业的真实场景吗？我们从大海中的生生死死来领悟商战中的各类风险，希望规避种种创业、经营之坑。

台风的到来，如同市场的大形势，如经济危机、新冠疫情、教培政策等。人们规避台风的风险，也同在市场上规避大形势的影响没有很大的区别。

企业的资金流，就像每个人身上流动的血液。任何时候，你的企业都要保证资金流的正向流动，在不得已的情况下，还需断臂止血。

从红花与绿叶的关系中，可看到明星产品与瘦狗产品之间的关联，看到不同层次客户之间的依存。

我们可设定一个四象框架，通过人、时间、资本、资源去评估个人创业的能力与可行性。也可设定一个三维的视角框架，包含时间、事项、资金，从动态的角度看待我们的财与物，将财务视角从狭义向广义进行延伸。

点、线、面、体的几何结构形成，竟然与《道德经》中"一生二，二生三，三生万物"的理论相似，我们从事物的发展规律入手，通过逆向思维的推理，发现所有的问题都有原点，再复杂的事都可找到源头。

企业的组织架构合不合理，也可以从点、线、面、体的定义中去寻找答案。

…………

我们从老子的"有无相生、内外相成"而引出"五五定律"；

我们从放风筝的过程导出创业的发展方式，称为"放风筝原理"；

我们种过地，而深知企业经营需要一种坚持；

我们养过鸡，而明知企业获利模式与此相通。

一杯杯潮汕工夫茶，也蕴藏着待人接物、经营的终极之道。

吾学识浅薄，又非成功人士，何以敢写书立言呢？也深知文辞不美，并游历于市井当中，经营之企业，也尚未成规成模，一直处于创业路上。但一直胸中有言，有不吐不快之感。友人的一句话"人要善于经验总结，而知识是用来传播的"，勾起提笔阐述的欲望。

二十多年的多种职业变动、身份角色的不停转换，持续性的创业经历，接触过千行百业，见到众多的起起落落，每一次感触，都在胸中刻下痕迹。只是希望能通过所知、所学、所悟，把高大上的商业经营管理之道变为浅显之语。无华丽的辞藻，无优美的语句，只有直白的铺叙，不求文意达人，只企观者似有所得。

《经营致胜》乃是借物以喻道，针对经营的点点滴滴，借不同事物的规律性，以破我们在经营管理路上的层层关卡。在浅显直白的描述中，展示企业经营之路，致胜之道。

道不远人，而人人自远矣，期待你我在经营之中各有所得。

目 录

第一部分 创业与风险对抗

第一章 创业途径剖析

躬身入局，创业创新第一步 3

跟金者赤，跟墨者黑——创业氛围 5

勿以情怀做投资创业 7

发展事业与赚钱谋生的关系与区别 9

创业投资的资金需求 11

创业路径：学习—模仿—创新 14

站在风口，关键要知道起风的时候 17

商机是留给有积蓄的人 19

创业能力评估框架 21

生意规模不在大，而在精而美 24

投资者与创业者的区别 26

第二章 风险对抗

商海——创业场景与风险警示 29

台风效应，大形势的对应策略 37

企业常态——逆水行舟 42

生意场中的水深水浅与量力而行 44

第二部分　持续经营与策略

第三章　持续经营

资金流，是企业的流动血液　49

企业的利润是拿来分红的吗　51

资金杠杆的合理利用　53

合法经营是企业必经之路　55

断臂止血，及时止损　57

关住闸口，良性急救　59

企业全方位的安全管控　61

企业不同发展阶段的行为模式　65

企业主的自律修养　67

公产与私产　68

第四章　经营策略

跨界与跨行　71

红花与绿叶"映衬"产品与客户结构　73

福利是种刚性需求　75

做大与做强　77

广义的投资思维　79

赚取合理的利润　81

食大赔小思维在经营上的应用　84

切入新市场要敢于成本补贴　86

天下没有免费的午餐　88

别犯短债长投的经营大忌　90

区域经营成本差异　92

好产品，关键要卖得出　94

如何建立企业经营信誉　96

企业家个人资产保护攻略　99
　　"两手抓，两手都要硬"在企业中的应用　102
　　练好"磨"字功　104
　　企业日常管控方式：开源与节流　106
　　目标与投入的匹配　108
　　如何与银行及相关主管部门打交道　110
　　天生我材当尽用，千金散尽难复来　112
　　简单的信息化管理能提升决策效率　114
　　不借高利贷也不放高利贷　115
　　以终为始建立知识产权框架　117

第三部分　财务认知与视角

第五章　管理者的财务认知
　　重资产与轻资产的区别　123
　　何为企业的财富自由　126
　　企业主财务理念的"自我修养"　128
　　全面认识资金调度　130
　　企业发展的不同阶段需不同层次的财务人员　132
　　账务公开透明是合作之基　134
　　税收洼地的应用　135
　　公司注册实务　136
　　尽量避免连带担保　138
　　资产配置与风险规避　139
　　企业主个人所得税的筹划　141

第六章　财务视角
　　广义财务——财务三维视角　144

三维视角应用的延伸　146

不同层次财务人员的专业水准　147

财务管理人的思维转型　149

财务的三重境界　151

考量企业获利与运营能力的四项财务指标　153

应收账款与应付账款对资金调节的重要性　156

第四部分　战略与管理

第七章　战略思考

战略与选择　161

试说企业的竞争能力　163

经营战略模型的确立　170

认识产品链设计　174

从养鸡模式看商业获利模式　177

第八章　管理思维

于危机中寻机　182

不同阶段的处境应有不同的思维导向　184

善用危机实现管理升级　187

从点线面体的构成分析组织框架的合理性　189

做最坏的打算，做最好的准备　191

选择与勤奋　194

挖井与引流　196

坚持与维持　198

担当与责任　200

改变想法与转变思维　202

不要拿个例参考制定规范和准则　204

第九章　预见管理
　　企业壮大的原则：量变促质变　207
　　试错也是一种行为智慧　210
　　前置管理的应用　212

第十章　人力管理
　　财散人聚的思维　216
　　企业的转型与人才迭代　218
　　老板如何支持新任管理者　220
　　专业：事半功倍的推进剂　222
　　量才而用的用人导向及专业人才的四个维度　224
　　主导者与追随者　227
　　如何培养团队成员——心智启发　229
　　社交：个人及平台能量对等的交换　233

第十一章　时间管理
　　时间成本——轻重缓急　237
　　时间价值的体现——选择可积累的事业　240
　　掌控时间的主动权——管理好"人"　242
　　时间有效性管理——避免重复处理同样的问题　245
　　节约时间的最佳方式——简单直接　248

第五部分　管理定律与经营哲理

第十二章　管理定律

"二八定律"在企业管理中的应用　253

"五五定律"　255

70%可行的决策模式　257

放风筝原理与企业经营　259

第十三章　经营哲理

企业也要活在当下　262

格物致知，择其善者而从之　265

创业的三重境界　267

企业家及其成长之路　269

从一生二、二生三、三生万物看事物发展的原点　273

商人的角色：神仙、老虎、狗　276

种地与创业经营　278

唯一不变的，是一直在变　281

潮汕工夫茶中的人文哲理　283

后　记　经营者是谁　289

第一部分

创业与风险对抗

第一章

创业途径剖析

> **• 本章导读**
>
> 　　无创业不经营，经营的本质就是创业的历程。一般人认为，创业是一次、两次或是个人的一种行为。而实质上，创业可以是个人，也可以是企业行为，可以是一次，也可以是N次的行为。
>
> 　　90%以上的富豪，其财富是基于一次、两次……多次创业及投资所获得财富的积累。
>
> 　　"长江集团"创办人李嘉诚，涉足零售、生物制药、房地产等行业；"特斯拉"电动车创始人马斯克，涉足电动车、航天、光伏发电等行业。华为的任正非、阿里的马云、腾讯的马化腾、小米的雷军，试问，哪个不是连续创业者呢？
>
> 　　创业途径的剖析，是一个创业者、企业经营者捕捉商机、探索路径的思考。

躬身入局，创业创新第一步

我们的心在哪里，我们的事业就在哪里！

心力之所至，愚公可移山，滴水可穿石。

创业经营，首要在于心到身到。心到身不到，只是活在梦想当中；身到心不到，则难以全力以赴，不能以小博大，不能候机取胜。

曾国藩曾说："天下事，在局外呐喊议论，总是无益，必须躬身入局，挺膺负责，乃有成事之可冀。"

曾国藩何许人也，清朝重臣，一介书生，率领湘军，平定太平天国，立下汗马功劳，其修身、齐家、治国、平天下为后世楷模。

曾国藩的学说，很多人都尊崇。他的治世之学贯古通今，置于当下之势，其仍是一个值得尊重的创业者。在乱世当中，他弃文从武，无异于我们现在很多创业者：放下舒服且可预期的工作，为了干出一番事业，毅然进入一个未知、难以预期的创业天地。

曾国藩曾直白地表露：你嘴上天天说要做一番事业，脑子里天天想着要发财，这终将是徒劳的。要做，你就要与过去做个决断，全身心投入其间，心无旁骛去拼搏进取，你才有成功的那一天。

躬身入局，就好比前面是一条河，你不涉水前行，永远无法探知水有多深。只有你勇于蹚水行进，不管深浅，你才有到对岸的机会，否则你将永远是一个观望者。真正的创业者，正是蹚进这条河流的开创者、涉足者。有成功渡河而过，而获得惊人的财富的；也有溺水而亡，创业失败的。但是，创业的现实就是如此，有如登山涉水，不经历就谈不上创业、经营。

当然，实施创业之前，你心中难免有所顾虑：这项目到底有没有市场，这技术能不能成功,是否能如期获利呢?

如果有人简单地告知你,这项目100%可行,有超于市场的高回报率。那这是没有太大可信度的,因为每一次创业、每一项投资,都潜在一定的风险,商机往往一闪而过,而时机也时刻在变化。创业投资,在于要相信一切并且怀疑一切。

要破除心中疑虑,你必须做好全面、客观的市场及自我评估,确保有六七成把握的时候,你就可以着手"入行"。没有100%可把握的事情,也没有零风险的创业。

诚然,曾国藩的功业并不是每个时代和所处时代的每个人能简单复制并成就的,它涵盖了天时、地利、人和,以及自身的决心、信心、恒心。因此,一句"躬身入局,挺膺负责"足以成为创业者的典范。

做还是不做?这是一个哲学命题。

做,躬身入局,自当砥砺前行,向阳而生;不做,断决如流,自当当机立断,心行随风。你想创业,说千道万皆为空,唯有"躬身入世",唯有"涉水行疆",方能顶起那片天、丈量那片地。

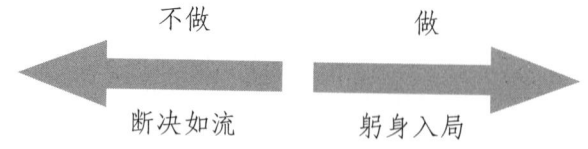

跟金者赤，跟墨者黑——创业氛围

创业者，能否真正地进入创业经营当中，要过两道"关"。一道是"思想关"，是个人主观意识，需要克服；另一道就是创业的"氛围关"，就是周边环境对你创业方向的影响，也就是你想去做什么生意，想往哪方面去创业。这在很大程度取决于你的生活环境及交际圈子。

坊间有云："跟金者赤，跟墨者黑。"你跟着好人学就会有好的效果；你跟着坏人学自然就可能会有负面效应。于创业者而言，你所洞悉的方向和追求的事业，与你所处的圈子和掌握的社会资源密不可分，甚至血脉相通。

在这里，我想和大家分享一个真实例子。20世纪90年代，在我老家的乡下，周边有几个村，做起了不同的产业，并形成浓厚的产业氛围。其中有一个村，大部分人从事服装、内衣加工；有一个村是做假烟的产业链，印刷、制烟、包装"一条龙"；还有一个村就出了大批泥瓦工，专门帮人家盖四合院一样的平房。丰富的产业资源，让十里八村的村民享受了产业链带来的"福利"，大家互相学习借鉴，不断"复制"一个又一个产业"新生"。

蓦然回首这十几年的发展变迁，做服装及内衣加工的出了几个知名的品牌，获得经营成功，正坚守着；做假烟的，在打假行动的"重拳"下，已经销声匿迹；而从事泥瓦工的那辈人，现在也因没有"市场"而"歇业"了。

没有对比，就没有伤害。从事泥瓦工的有些村民抱怨说，本村的村民受"创业氛围"的影响，大家都成了泥瓦工。再对比那些做生意的村民，他们个个都发了财。

上述的创业氛围，实际上就是三种经营环境：

第一种，是合法，有市场潜力，可长期持续经营、发展的；

第二种，也是合法，但只是时代阶段需求，逐步被淘汰；

第三种，非法行为，虽有市场，但只是一时的获利，不可持续的经营行为。

结合此个案，我们可以看出，创业氛围对创业者的影响可谓举足轻重。也就是，你创业的方向在哪里，你的环境是否与之匹配？这些需要你辩证地去甄别创业氛围，然后做出最合理的抉择。

我们可把创业氛围定义为两个维度：一个是黄金氛围；另一个是墨黑氛围。那么，什么是黄金氛围，什么又是墨黑氛围呢？

黄金氛围：是朝阳的产业氛围，也是合法合规的生意，产业辐射范围之内的人是积极正能量的群体，具有更深层、更持久、更长远的可持续发展之义。

墨黑氛围：是夕阳的产业氛围，游走于法律红线和违法生意之间，产业辐射范围之内的人承载着负能量，可能是求利轻法的群体，做的是短期性或"一锤子"的买卖，这充其量只能算是"生意"，而不是创业者所追求的事业。

哪些属于黄金氛围，哪些又是墨黑氛围？仁者见仁，智者见智，但心中那杆秤你得有，必须称出轻重与是非。

如果你周边的创业氛围是墨黑类，你应赶快脱离出来，去寻找你的黄金氛围。唯有此，才不会浪费你的时间和资源。

创业，你一定要从氛围中把握本质，把好方向，并切实结合你的能力、资本、资源及产业氛围，切忌盲目跟从，随波逐流。

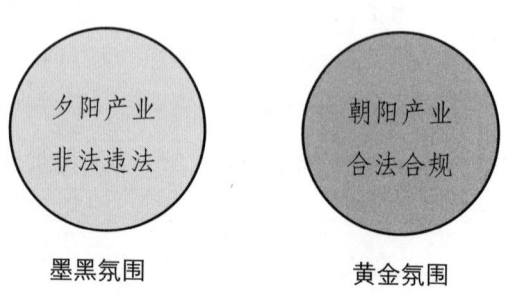

勿以情怀做投资创业

有情众生，都有情怀。

情怀，是你怀有何种心愿的具象表达。在我们身边，不乏有些为了实现自己的一点小发明而倾尽家产进行创业的人；也常有抱着感恩的心态或是想做一番事业的初衷，在对某项目没有进行研判与评估的前提下进行投资的人。

理性的情怀，我们理应给予赞赏。但纯粹感性认知，一厢情愿地自认为其产品或发明能造福人类大众，不假思索就进行创业投资的"拍脑袋工程"，这种失败的概率是极大的。

我身边的一个朋友，看到中国台湾朋友带来的烟友伴侣——香烟沾粉，认为国内有着庞大的吸烟群体，研究设计此类产品应该有市场，有"钱"景。一时兴起，搞了几个草本烟嘴的专利。专利是申请了下来，但如何将专利成果进行有效转化，便成为他日思夜想的事。

在没有进行市场调研和打开销售渠道的情况下，他召集一合伙人投资了几十万元，开发了几套模具，请了一帮员工加工包装。两三个月后，产品生产出来了，做工还算精美，降低烟油的效果也还不错。但被销售渠道"卡"了脖子，万余盒成品却只卖出了千把盒，销售比不足10%，惨淡至极。最终，只好不了了之，几十万元的投资几乎打了水漂。

当然，这个项目的失败有很多客观原因，但最大的也是最本质的原因就是仅以想尽快通过专利实现产业化，项目上马太仓促，未能找到合适的渠道及专业的人进行合作。

这项专利是否有市场价值，我们在这里暂且不做评判。但是创业，不能仅以有想法、有情怀而强行按下项目"启动键"。创业、投资本身是无对错的，但我们不能意气用事，不要草率为之。光有情怀可是远远不够的，还得有资源、思路、渠道等元素的蓄力，要让情怀去适应市场，而不是让情怀去飞跃市场。

情怀很丰满，市场很骨感。作为创业者，应直面市场的冷酷与无情，创业是生死之道，而各种内在要求是客观存在的，我们不要仅以情怀去做投资创业，这是创业之大忌。

情怀	VS	市场
主观		客观
理想		现实
无价		有价
唯一		竞争

发展事业与赚钱谋生的关系与区别

事业，很多是从赚钱谋生的过程中发展起来的，但事业不同于赚钱谋生。赚钱谋生最原始的目的是要让自己活下来，是要养家糊口；而事业，则是在保障赚钱谋生的同时兼具价值追求，充分实现自我价值和人生意义。

古往今来，很多的创业者都是从谋生、养家开始的。有很多的小吃店、餐饮店，刚开始都以此为出发点，在做生意的过程中，发现项目的价值且具有可复制性，继而产生连锁经营、品牌加盟的概念，最终形成他人生所追求的一项事业。比如老干妈辣椒酱，陶碧华就是从做一瓶瓶的辣椒酱开始的……

从谋生到事业的转变过程，"全生命周期"地见证着从资本积累到价值追求的更迭，而终极维度则是回馈员工、感恩社会，彰显企业的社会责任和担当。

简言之，人生和事业的价值，多数是源于谋生的初衷。

那么，谋生与事业又有什么区别呢？

谋生，往往是当场见效马上收益的活。好比卖一瓶辣椒酱就能赚1元钱，卖10瓶或许就能解决一天的生活费。

事业往往是你人生的第一个梦想，在衣食无忧的时候去琢磨的事情。那时你会想，自己已经把这家店做得很好了，现在也有一定的积蓄，在做大总店的前提下，零星布点开分店，形成品牌连锁，并交由职业经理人管理。如果一家店要投资100万元，看能否在一年内回本，哪怕回本周期拉长也没关系，因为自己有积蓄"打底"，在一定时间内扛得住、顶得起。

这个"心思"就是开始做事业的想法。这是过了一味只求赚钱，解决低层次的物质需求之后，通往更高层次的创业经营，即追求个人及实现企业的价值，体现在与员工的共荣、产业的发展、社会的回报等等。

你处于创业的何种阶段，就应该明晰自己是谋生，还是在做事业。

谋生，你就不要讲情怀，脚踏实地，做好原始积累，一步步成长。

事业，你就不要竞小利，要放眼长远、投资全局，方能行稳致远。

事业 ≠ 谋生

创业投资的资金需求

作为一个创业者，除了销售渠道、供货渠道之外，资金也尤为重要。很多创业者皆为初次创业，缺乏相关的实战经验和客观的资金需求评估意识。他们往往是东挪西借，再加上一些自己的积蓄，开始创业之路。

所有创业者，敢迈出第一步，需要莫大的勇气和非凡的胆略，这也是迈向成功的第一步。实际上，在创业初期，资金的多少是可以有弹性的，但不管怎么样，你都需要明白除了第一笔资金以外，还需要多大量的资金流。我们在这里将资金的需求分成三段：一是初创直观需求；二是项目启动的隐性需求；三是企业发展的未测需求。

一、初创直观需求

我们不妨以一个加工厂为例，最为直观的资金需求是以下几项：

①厂房租金

②设备采购

③厂房装修

④水电安装费用

⑤第一批原材料采购

⑥办公家具及设施等

我们投资工厂或是贸易公司，最为常见的启动资金涵盖了上述几项内容。我们将其简称为直观需求或是第一道成本投入，也就是比较直观性的投入。

很多创业者准备的资金量是在这第一道，但是项目或者生意一旦启动，很多你意料不到的资金需求马上产生，我们称之为隐性需求或是第二道的投入。

二、项目启动隐性需求

同样以一个加工厂为例,设备生产一启动,必须面临向客户提供产品的问题。在市场上,如果对方是月结的客户,那是高质量的客户。但现实当中,我们看到的规上品牌企业或制造业企业,大部分是60天或90天结算,最长的可达半年之久。货款周期较长,这必然需要你投入更多的资金量。

我们按60天的结算时限,以每月销售量100万元为例来测算。月结60天,也就是你的企业需要3个月的周期才能收到货款,压了货款300万元。同时,在这3个月内,你还需要支付以下的投入:

①人工按20%计算:20万元×3=60万元

②原材料采购,刚开始的企业大部分是现金采购,按40%原料计算:40万元×3=120万元

③水电费按5%计算:5万元×3=15万元

④其他支出按10%计算:10万元×3=30万元

简单算一下,3个月的时间里,需要流动资金225万元,这还是比较保守的算法。

但在企业经营当中,还有第三道资金需求,也称未测资金,指具有不可测及未知、突发特征的资金需求。

三、未测资金需求

未测资金的产生一般有三种情况:

第一种情况,是你在创业初始阶段经营惨淡,需要有资金来支撑人工费、场地租金等。

第二种情况,是客户未能按期付款,使你的全盘资金计划打乱,在保障正常的生产情况之下,你急需资金采购更多原材料及支付各项开销。

第三种情况,是订单量或客户量突然增加,你需增加人手及采购更多的原料来保障生产的正常运转。

企业的资金需求是随着企业的发展从不同层面展现出来的。上述的举例,目的是让大家明白投资项目的过程中,除了第一道的投入之外,你还

需要第二道的资金，也会面临不可预测的第三道资金需求。

以我们的从业经验来说，在启动项目时，第一道投入假设为100万元，那么后续你还需备有100万元的资金。这100万元资金不管你是自有还是通过其他渠道筹集，都要做好心理预期与准备，否则你将变得很被动，甚至难以为继。

投资需谨慎。资金需求有显性、隐性及未测的区别。我们在做好购买设备、装修厂房投资预算的同时，也要测算好后期流动资金或扩产、技术升级等隐性的资金需求，确保"资金流"畅通。

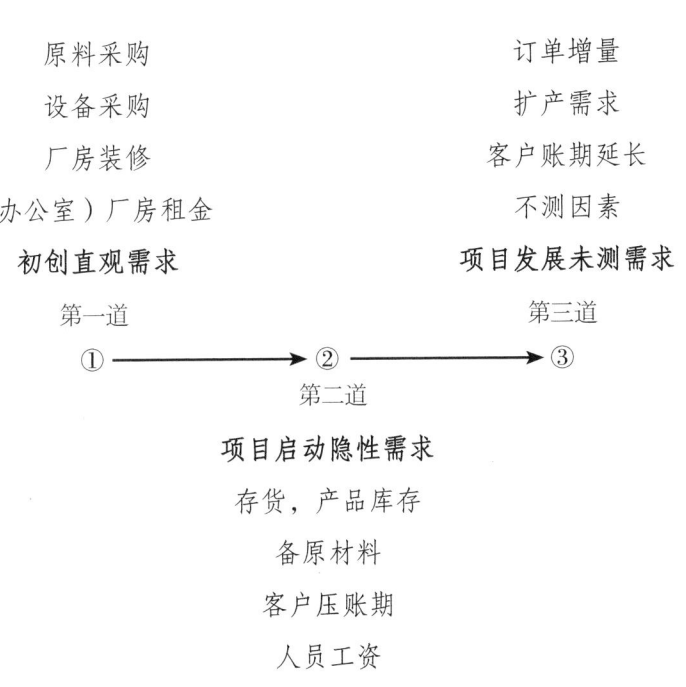

创业投资的资金需求示意图

创业路径：学习—模仿—创新

在现实社会当中，白手起家的创业者还是居多的，他们的父辈不是农民就是工薪阶层，没有"啃老"的资本。

普通大众的创业，手头上的启动资金往往是极为有限的。我身边的有些人，仅靠一台电脑和周转而来的几万元，一步步走出来，成就了一番事业。

他们是"大众创业、万众创新"新时代背景下的直接受益者。

广东潮汕、浙江温州、福建泉厦，都是以经商出名，它们有着特别的创业路径：学习—模仿—创新。

以汕头地区为例，聚集着十来个全国性产业集群，一是潮阳的谷饶，属于内衣及耳机的制造基地；二是澄海区的玩具生产，占了全国50%的比重；三是潮南区峡山一带，这是化妆品、日用化工、文具的基地，代表品牌包含了雅倩、飘影、拉芳、韩束等，还有如晨光、齐心等文具品牌。

而在深圳，原来赛格的电子市场、水贝的黄金加工，广州的布料市场、化妆品批发市场等集贸市，百分之八九十是潮汕人。

从这些区域的集群与发展当中，我们不禁有所感悟：为什么有那么多人去创业，为什么有那么多人可以赚到钱，为什么还有些人能做出品牌，又是如何做出影响来的？

理理思路，就是这个逻辑：先学习—后模仿—再创新。

一、学习

创业者必须要明确创业"领地"，甄别自己的资源优势，有针对性地入行。比如生产化妆品的、做电商的，你要先加入该行业，学习人家的门道，正所谓"知己知彼，百战不殆"。

我曾经见过一个小伙子，20岁，读完大一就辍学，跟他爸说想去做生意，打算从事电商行业。他爸找了在上海做天猫的同学，安排小伙子去那里打工。一年过后，该小伙子辞职，同有货源的朋友合作，准备自己经营。从打工学习到入行经营，前后家里没投过一分钱。故而，先学习，是创业者入行的"巧妙"方式。

二、模仿

模仿商业模式，模仿经营方式。阿里巴巴、腾讯QQ、百度搜索，都是原创出来的吗？非也，具体大家都知道。还有之前提到的谷饶的内衣产业链、澄海的玩具产业链是怎么形成的，就是乡镇里的众多创业者互相学习、互相带动，逐渐形成的一条条产业链。

此外，你再观察一下各地的一些专业市场，大多是一个地方的人彼此相互学习借鉴，"学样"搞出来的。

三、创新

创新的内涵极为丰富，包括了产品的创新、经营模式的创新、商业理念的创新等等。

创新是模仿的"升级版"。创业者在学会了模仿之后，产品框架、商业模式开始成形，但是如想继续做大做强，那就需要创新来支撑。准确来说，创新应该成为企业发展的一种常态化、制度化模式。因为没有创新就没有进步，没有进步就随时会被市场所淘汰。正是握有创新的"金钥匙"，很多企业才能从零开始，逐渐做成区域龙头、全国龙头，甚至世界龙头。

身处移动互联网时代，微信支付、支付宝应用的创新，改变了万千大众的生活习惯和消费方式。抖音、B站等平台的创新，开启了新的娱乐需求模式，未来也将不断影响老百姓的学习生活等行为习惯。

除了一些大平台公司的创新，一些实体企业也是遵循这般模式，才得以杀出一条血路，在某一个行业里面兼具专业广度和产业深度，成为细分领域的龙头企业。如晨光文具、拉芳日化、立白洗涤、晶华胶带等等，他们的创新更多地侧重产品线的开发、经营模式的变革。

话又说回来，其实创新也并非易事。让一个刚进入市场不久、根基不稳的企业在市场上开拓一片创新领地，何其艰难。

那么，该如何"露脸"？唯有内力突围。

大部分企业刚开始的产品或模式都是同行业已有的产品和模式，他们唯有在经营理念、产品研发等内生动力方面创新突围，才能在激烈的市场竞争中脱颖而出，成就一番事业。

选择要基于现实。对于众多创业者而言，选择一条合适的创业途径，比寻找大笔的资金来得更为实际。正如万达集团的王健林批评一些创业者，动不动就要两三个亿投资，如果有两三个亿，你已经是成功人士了，哪里还用得着去创业去投资呢。

事实也是这样，如果我有那么多钱，哪里还需要拼搏努力。对于想创业、着手创业的人来说，不要盲目听信所谓的专家之言，抑或所谓的心灵鸡汤。

我们的建议是充分利用现有资源，客观遵循创业路径。真诚期待你少走弯路，握手成功。

学习	—	模仿	—	创新
产业氛围		切入产业链环节		技术
进入方式		建立样板		模式
技能方法		打通上下游		管理
上下游渠道		知识产权		突破

创业途径示范图

站在风口，关键要知道起风的时候

雷军有句名言："站在风口上，猪都可以飞起来。"这句话给了很多人无限的遐想，他们都希望站在风口上，都希望能飞起来。

什么时候起风，什么地方才是风口，这才是决定能否飞起来的"核心要义"。站在风口，说的是这个产业一定有市场需求，相较于其他非风口的地方，这个市场预期的风会来得更猛烈些，持续时间也会更长点。

近十年来，有人常念养老产业是朝阳产业，养老应该就是一个风口。但这十年来，此风口吹起的风力等级只是微风，表明市场是有需求，但其需求强度、回报比例、发展速度并没有如风口起风般迅猛。当下，养老产业这个风口也许时机还不成熟，但我相信这一风口在不久的将来定会让行业巨头"飞"起来。

实际上，所有能赚钱的行业、产品都有规律性和周期性：兴起—发展—高峰—平稳—退出；周期也由先前的 8 至 10 年，到后来的 5 至 8 年，再到现在的 3 至 5 年，不断缩减。

20 世纪 80 年代的改革开放，为沿海的经济发展带来一个极大的风口，掀起沿海全民经销的浓厚氛围。90 年代的国企改革，原有的经销模式开始退出历史舞台，众多国有企业经理及原承包国企部门的经理在这次改革的时代契机中脱颖而出，迎接造富利好，积极响应"先富带后富，最终实现共富"的时代号召。

从 20 世纪 90 年代起，互联网经济开始崛起，随着 2G 手机的面世，信息化时代开始形成，电子信息产业蓬勃发展，互联网经济模式应运而生。

2000 年到 2010 年，房地产业开始发力，智能手机开始应用，电商产业崛起。2010年到2021年，电商产业裂变，移动互联网经济渗透到社会的每个角度，支付模式发生颠覆性变革，继而萌生微商经济、共享经济、社群经济、直播产业等等新的经济模式。

就拿电商产业来说，这几年产生了极大的分化，平台由原来的阿里与京东，"扩充"成拼多多、阿里、京东，并增加了美团模式、微商模式、抖音模式等等，带来的直接影响就是原有的红利正逐渐消失或减少。举一个例子，在天猫平台经营多年的一家公司，近期突然发现业务越来越难做，推广成本越来越高。这是平台由高峰期转入平稳期的直接体现——业绩维持定量，但利润有所降低。

鉴于此，你要主动寻找新的风口，新的平台，或者是新的产业方向。产业一定要站对风口，准确把握它的节奏、方向和时机。如果你过早地站上风口，必然要比他人先倒下；如果你慢人一步，自然比他人摔得更惨。

切记！选对风口，选对方向，选对节点，一个都不能错过。

风口的三个维度

商机是留给有积蓄的人

机遇总是垂青有准备的人。

如何辩证地看待这句话？我认为这句话不太适合放在商机上。对于一些有特定时间点、有规律可循的机会，比如一年一度的高考，每年的公务员招考、托福考试等，有时间点，有教材，有方法，这样的机会一定是给有准备的人，给平时踏实学习的人。

但于商机而言，表面看起来你无法预测它到来的时间点，更无法从规律中去摸索它所带来的具体机会。属于哪个行业？利好哪个群体？所有这些都是未知数。

其实，能否拥抱商机，取得赚钱的机会，还是有迹可循的。在我看来，商机更多的是给有积蓄的人。这里指的积蓄，不单指现金的积蓄，还有人脉资源、行业经验、个人见识等。

2020年初暴发的新冠疫情，带来了近千亿防疫物资的巨大商机。

面对这突如其来、始料未及的商机，就有人在2020年上半年内，赚了他一辈子都赚不到的钱。他们有生产口罩的、有做防护服的、有做额温枪的。

此类商机，是给那些有行业经验积累和有资金能快速切入的人的。坦率地说，你没钱、没资源，这块市场"蛋糕"你半点都捞不到。因为商机转瞬即逝，关键看你是否有资本和资源去掌控和主导。

回顾当时的市场场景，有些人准备两三个月，凑足了资金，买到了设备，但商机不复，投资变成一钵水，最后落得个竹篮打水一场空。我身边也有几个朋友，投资做口罩亏了几百万元。

准备是对那些可预判的机会而言，而商机就是给有"积蓄"的人，是给有钱、有资源、有人脉的人。

手头攒点原始积累，经营好现有的企业，保持一定的资金流，商机就在身边，能够抓住就好。

机会	商机
知道时间节点	发生时候
知道方法方式	发生地点
知道到达路径	具体事项

积蓄

现金积蓄　　渠道资源　　生产资源

人脉资源　　人力资源

机会、商机、积蓄示意图

创业能力评估框架

创业，实际上是实现个人价值以及获取一种持续获利能力的过程。你可能因生活所迫而下海谋生，也可能因为深度了解某一行业而自己出来单干，抑或在朋友的劝说下一起走上创业之路。不管基于何种缘由，我要说的是创业无异于九死一生，要学会等待，学会坚持，学会思考，学会改变。

创业，有时候就像你大学毕业出来找工作一样，预期是找一个专业对口的单位和岗位，施展才华，一展抱负。但现实和想象还是隔着"鸿沟"，即使你成功入职专业对口的单位和岗位，许多人会发现现实和实际差距较大，原来我自己认为很能干的，到了单位不见得有"用武之地"；原来认为能轻松胜任的工作，却被现实"虐"成个"菜鸟"。另外，根据相关统计数据显示，还有 50% 以上的大学毕业生找到的工作与所学专业不对口。

其实，创业所承受的压力远比职场就业高出许多。即便如此，仍然不乏前仆后继的创业者"冲锋陷阵"，他们中有人成千万、亿万富翁，也有人因此而倾家荡产。

那么，在入行之前，有什么方式可"自我体检"呢？

一般来说，创业能力包括硬件和软件两个方面。其中，硬件就是人力、物力和财力；软件就是个人的专业技能和创业素养。

在迈出创业步伐之前，粗略评估下自己，一般都自我感觉良好。但一旦涉足，就会切身感受到创业"这池水"颇深，要承受来自方方面面的各种压力。

现在我们按照以下这个评估框架，对是否适合创业做一个自我评估。

```
人                          时间



资本                         资源
```

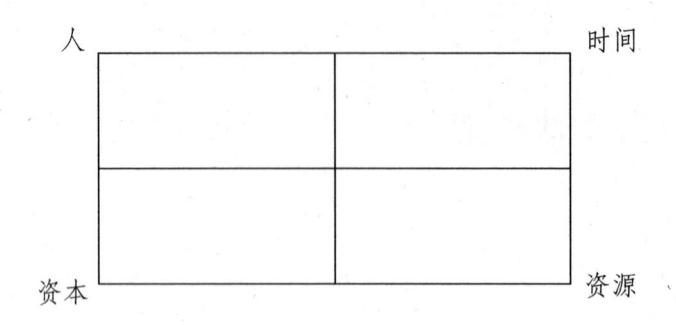

创业能力评估框架

1. 人：专业技能及创业素养

（1）你是否熟悉这一行业。

（2）你是否拥有这个行业的一技之长。

（3）你是否拥有"互补性"合作伙伴。

（4）你是否能承受住家庭的压力。

以上是个人因素，取决于你有没有这个能力，有没有这份决心与信心。

2. 资本：创业的资本金及其他投入，如技术、设备等

（1）你的资本金是自筹还是借贷。

（2）你的资本金做固定资产投入之后还手持多少现金。

（3）如果三个月或半年没收入，你是否能撑得住。

（4）这笔钱如果亏了之后，会对你的生活产生怎样的影响。

根据你对上述几项的回答，就可以佐证你的资本是否充足。直白地讲，80%以上创业者的资本不是很充足，但个人的承受能力和抗压力能力则取决于你的信心与决心。

3. 时间

（1）你个人是否能全身心投入。

（2）你是否能有时间"守候"较长的回报周期。

全身心投入，这是创业成败的关键因素之一。然而，很多创业者会忽略这一点。

智慧人生，尽在舍得。要确保全身心投入，就必然要求你或者你的合

作伙伴，至少要有一个人放弃原来的工作与生活方式，全身心地投入到创业的项目上去。有些天使投资人，考察一个项目是否值得投资，非常看重的一个因素就是该项目的主要创业者是否"全职"在抓项目。

另外一点，投资创业的回报是有时间节点的。这和上班不一样，你付出了时工，下个月就有相应的工资可领。创业投资，无法确保定有回报，这份"守候"你得熬住。

4. 资源

（1）你有没有畅通的客户发展渠道？

（2）你有没有直接的原料或产品供应渠道？

这两点就是客户资源及供应商资源。创业者的目的很明确，就是在交易中赚钱，不管你是从事生产或销售，都要坚持这样的效果导向。你进入一个行业，必须要"检视"自身在这两方面的资源，上游资源是供货源头，下游资源是销售渠道。如两者兼具则为最佳，你成功的概率会更高，胜算会更大。退而求其次，你至少必须要有一方面的资源优势，要不下游强，要不上游强。如果两方面的资源都没优势可言，那么你就得慎重再慎重、三思再三思了。

逐梦创业的你，不妨按照上述创业能力评估框架对自己做一个行之有效的"体检"。

生意规模不在大，而在精而美

最近到了一趟汕头，在汕头火车站有两家餐饮店，相距约一百米，很有意思的是，都以潮汕牛肉丸为主题。

一家门店面积只有五六十平方米，店里只有两个人，一个主厨，一个服务员。从早上六点半就开店，到晚上十点多。这家的口味相当不错，用料是新鲜的牛肉及真正的牛肉丸。一碗牛肉粿条汤粉25元至35元不等，每天能卖出两三百碗，按这样算的话，一天就能赚几千元。

另一家店面积有两三百平方米，主打也是牛肉粿条加牛肉火锅。看那规模，需配两个厨师，一个收银员，三个服务员，起码需要六七个人才能转得开。从规模及内部的装修来看，需投资上百万元以上。这家店的运营成本，从租金、人工、装修投入等等，都需5倍于上面这家小店。

但是，在同样的时间点，第一家两个人的小门店门庭若市，有进有出，在半个小时内，店家卖出二十来碗牛肉粿条汤粉，近500元的收入。而另外一家，那么大的门面，但门可罗雀，没有人进出。两家店几乎同样的品类，一个是活在天上，一个是活在地下。

在火车站这一区域内，是快进快出的旅客。流动性强的地方，能做的餐饮是快餐式的服务，才能有市场，这同高速路上的服务区有点类似。而且在火车站区域，周边又没有居民区消费群体，设立牛肉火锅店本身就是一个错误。虽然潮汕牛肉火锅全国驰名，各地都有，但是在一个快速流动的地方设立这种慢生活的餐饮方式是不恰当的。

再加上汕头火车站本身的人流量不是很密集，设那么大的店，能容纳上百人就餐，本身就是一种场地浪费；而进去的人稀少，形成一种空的感觉，这样的店是早晚要关闭的。

创业开店、办实体，一定不能一味求规模、求大。只能在什么样的市场环境、什么样的地段、什么样的人流配比，来做哪种生意，定合适的规模，提供恰当的产品或服务。

创业，可以由小到大，但千万不能由大做到小。开始的时候，一定是根据市场及客户来设定规模。开店如此，工厂也是如此。我见过一家工厂，从创业初期的 4 台设备、500 平方米的厂房，经过 5 年的时间，到现在已有 60 台设备、5000 多平方米的厂房，规模翻了 10 倍，厂房已换了再换。这就是由小到大的过程，如果这家工厂，从一开始就买进 60 台设备，租下 5000 平方米的厂房，我想这家工厂到现在一定不存在，早在几年前就关闭了。

做实体企业的都很清楚，每家工厂都有一个规模最优化的配比阶段。在那个阶段，成本是最低的，利润是最多的。而突破那一阶段，则需相应地增加人力、设备、场地等等方面的投入。有可能收入相应增加，但风险也是伴随着。

规模，一定是根据市场的发展而发展，根据企业的实际情况而投入。规模大有大的好，但也有大的坏，风险往往会随着规模的增加而增加。

潮汕本土有一句古语，生意小小会发家。创业投资，一定要瞄到的是利润，瞄到客流量、瞄到订单量。千万不能贪大，不能死要面子。只有赚到钱，放到口袋里，才是硬道理。

记住，生意不在于大，而在于精而美。

精，是专注，是精耕细作，是人无我有、人有我精的概念。

美，是给人舒服感，是一种物美，也是一种养眼、舒心的服务。

投资者与创业者的区别

投资与创业既有联系又有区别。创业一定包括投资，但投资不一定是创业。

一个工薪阶层的自然人，一边在上班，一边拿出积蓄与朋友合作成立一家公司，并交由朋友打理，自己只是定期过问经营状况和察看财务报表。这属于投资还是创业呢？

在我看来，这只能算是一种投资，并非真正意义上的创业。不管投资的钱是来源于自己的积蓄，还是向朋友、银行所借，但你的精力和轨迹并没有完全贯穿创业过程，没有迈出实质性的第一步——躬身入局。

躬身入局，充当创业者的载体，这是判定是否属于创业的核心关键点。在不满足核心关键点的前提下，就算有了投资行为，那也不算真正意义上的创业。

创业者与投资者的心态与行为存有较大差异。创业者大多没有退路可言，已是釜底抽薪，唯有赶路奔跑。很多天使投资人，对一个项目是否进行投资的重要参考依据，就是看企业主有没有全身心地投入项目上，有没有所谓的退路"念想"。

1. 创业者

笃定创业的人，就会拿出自己全部的时间、精力、积蓄、资源专注地做好这一件事，把它当成一份事业来经营。事业的成功，是建立在勤勤恳恳、尽心尽力、全力以赴基础之上的，绝非轻巧之事。

一旦失败，创业者的所有投入都将化为泡影，荡然无存。这是创业者的苦和痛，也是压力之所在。

创业者，往往是拿身家性命百分之一百地投入！

2.投资者

投资是通过一个平台或项目进行资产增益的行为过程，如投资股票、房地产等。作为投资者，所投的是资金的时间价值及未来收益的预期。

如果失败，投资者损失的往往只是资金，当然如果所投资金需担负相应的成本，那风险可能会更大些。但与创业者相比，投资者至少还有退路可言，毕竟现行的工作、收入等未发生根本改变。

投资者，往往讲究鸡蛋不要放在一个篮子里，可分散布局！

创业者，往往九死一生；投资者，往往九生一死。这就是两者的本质区别。

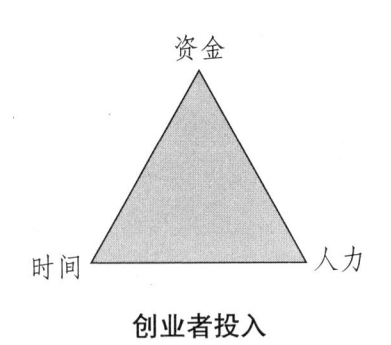

创业者投入

第二章

风险对抗

- **本章导读**

　　商业环境是怎么样的呢?

　　企业经营中有多少种死法呢?

　　如何规避经济危机、新冠疫情带来的影响呢?

　　在这里,我们以广阔无垠的大海来比喻商海;以台风到来来形容市场上的大形势;以逆水行舟来知悉企业的常态;以水深水浅来比喻商业风险。

　　《礼记·大学》:致知在格物。通过格物,了解某种事物的特性与原理,建立起与风险对抗的模式。

商海——创业场景与风险警示

创业,对于很多人来说,是从一个环境进入另一个新环境。创业者从现有的生活环境,进入一个全新、未知且充满市场竞争的商务环境,通俗的说法叫"下海"。创业者要从未知的市场获利,犹如渔夫入海捕鱼。那么,大海中的各种风险,也就是你在创业中面临的各种风险。

一、认识大海景象和商业环境

很多人喜欢到海边上看风景,看那太阳升起的时候,海天一色,金光灿烂,看那日落的时候,一片宁静,凉风习习,颇具诗情画意。

这是我们心目中的大海,也是一个创业者进入市场时站在岸上看市场的"景象",憧憬着自己的美好未来,前途是那般的光明,如诗如画。

梦想照进现实,真实的大海是什么样的呢?

是有惊涛骇浪,有让人恐惧的深邃,有一望无际让人无法辨别方向的绝望,还有你无法预见的暗礁、漩涡和不知等级的台风甚至飓风。

这,才是真实的大海。你不仅要面临海面各种恶劣的环境,而且还要有一颗"大心脏"。当你站上渔船准备撒网捞鱼的时候,或许海底已有很多如饥似渴的大鲨鱼正张开血盆大口等着你掉下去,享用美餐一顿。大海虽让人充满希望与期待,但更多的是伴随着各种未知的风险。

大海如此,创业亦然。这与市场竞争环境有异曲同工之处,作为创业者的大众都将面临诸多风险点。

接下来,我们不妨对市场风景和市场风险进行一番比较:

常规环境

大鱼小鱼——*市场竞争的对手。*

风浪更替——产品及行业周期变化。

航海方向——行业导向及产品研发方向。

概率事件

台风来袭——政策因素、经济周期、金融危机等。

隐藏暗礁——个例突发事件。

海上漩涡——未知的风险。

向往的星辰大海，有常规的风险环境，也有突发事件与未知的风险。这与创业者在商海中面临的风险相差无几，每一个创业者都会面临着相应的市场风险环境，不可避免也无法避免。

二、市场风险因素及相应案例

1. 市场竞争

市场竞争，是大鱼吃小鱼、快鱼吃慢鱼的现状。一个新兴的市场，竞争者犹如雨后春笋，经过激烈竞争后，能坚持到最后的就成了金字塔的塔尖，堪称凤毛麟角。行业的竞争大抵如此，区域内的产业竞争也不乏类似境遇。

我们从共享单车及网约打车就可以看出大鱼吃小鱼、快鱼吃慢鱼的模式。所有共享单车、电动车，资本与资本的竞争，规模与规模的比拼，直观地体现出了大鱼吃小鱼的模式。经一番角逐，当前存活下来的是美团单车、人民单车、哈罗单车等几支"主力军"，其他各地的小品牌、小公司大多"销声匿迹"了，要不被兼并收购，要不宣告破产退出行业。

实例为证，在网约车方面，美国的优步退出中国市场，与滴滴置换市场与股权；快的被滴滴合并，取消快的品牌。在这里，我们暂且不去讨论这3家公司的兼并有无垄断的嫌疑，但从纯粹的市场角度来说，则是快鱼吃慢鱼的市场竞争的直接体现。

这些案例，给我们的警示是市场环境是现实、残酷的。如何实现突围？唯有从行业中脱颖而出、快速成长。当然，在这个过程的某个阶段内，也难免需要借助资本及银行的资金杠杆来壮大规模。其实，你的每一步扩充壮大，从某种程度来说也属于风险扩张。

2. 产业及行业周期的迭代

"长江后浪推前浪，浮事新人换旧人。"这是对产品周期及行业周期的真实写照。

这方面的迭代，给大家印象最深的当属通信类产品。从 BP 机到 2G 手机，从 2G 到 3G，再到 4G、5G 智能手机，每一个市场周期都能带来一场"造富"运动。当然，每一个周期也会让一批批前浪被拍在沙滩上，要么退出行业，要么寻求转型。

2000 年前后的手机行业，顶峰时有 100 多个手机品牌。可现如今基本上只剩下几个主流品牌了，如华为、vivo、OPPO、小米及苹果手机等等。市场周期，是不以个人意志为转移的，它是产业变革的产物，也是新技术革新带来产品的更新迭代。

创业者应明白，你所在的行业，产品是有时代性、周期性的。只有坚持与时俱进，积极跨越产品迭代的鸿沟，适时调整创业计划与经营方针，才能做到随周期而起伏而前进，同频共振。

3. 产业方向至关重要

创业，要选定时代的产业方向，若选错方向，无异于南辕北辙，投入越多，损失越大，行程越远，代价越高。

DVD 时代，一张光碟的存储容量是 4.7G。高清蓝光碟，采用紫光刻录机制作工艺，同样的一张光盘，容量可达 25G、50G 甚至 100G。可想而知，这个产品有多么的"星光璀璨"。

大家所熟知的蓝光高清电影，就是从高清蓝光碟中 BD（商务拓展）而来的。但这个行业你能不能去投资呢？

答案是：千万不要去。云存储，改变了数据存储的方式，大多数的电脑、笔记本等，都不再设有光驱。再好的技术，再好的产品，在时代的更迭面前，根本不值得一提，瞄准产业方向极为重要，必须确保时间和空间的同步和匹配。

当下进入 5G 时代，是区块链、物联网的时代，你的技术，你的应用，你的创业，都要和时代同步，朝着与时代相匹配的产业方向迈进。

在这里要提醒的是，大家在把握方向的时候，也要契合时机，避免你的先机成为"先烈"，成为后来者的开路石。

4.经济形势及国家政策的影响

我们不妨以台风的到来比喻大形势的影响。大形势，一般是我们个人或行为的不可抗力。就像台风的形成和波及地域，非人为可控，我们能做的是及时做好防护，并将损失降到最低。

然而，于创业者而言，不利的大形势所带来的打击往往是具有毁灭性的。

2020年初，突如其来的新冠疫情，给国内的相关行业带来了冲击，尤其对旅游产业、影视产业、客运行业形成了强烈的打击。可见，疫情期间，投资影院、宾馆或开放旅游度假区的，很难支撑下去。在这种情况下，创业者应该是规避上述行业，采取保守的策略，保持观望为先。

你在看大形势的同时，也要留意国家的政策导向。比如，2021年我国对教培行业的整顿，这是一个政策的大转向，是国家倡导公平教育，切实落实"双减"的有效举措。一夜之间，教培行业瞬间跌落"神坛"。这像台风过境一样，带来雨水的同时，也难免会"殃及"一些其他产业。

创业者既要遵循市场大形势，又要掌握国家政策导向，当以国家支持的产业方向作为投资方向为佳。

5.未知的风险

未知的风险是什么，在哪里？

你不知道，我也不知道。就像是海里的漩涡和暗礁一样，它是气候、海流、温度等因素形成的不定时、不定点的突发事件，也是航海过程中可能遇到的"劫难"，没碰上压根没什么事，一旦遭遇，其后果也是够你"喝一壶"的。

漩涡事件，置于我们的经营环境中，可能因为某个产品在原料的检测上，忽视了某些部件的环保问题。该部件可能是整个产品价值的1%，但就因这个环节的问题导致整个产品的召回，直接产生不可估量的损失。

我们再来说说特斯拉电动汽车"刹车失灵"事件，导致股票大跌，出现品质危机。当然，这也属于漩涡事件。

创业者，面对未知风险的发生，大多是无能为力的。那么，我们能否避免呢？如果想要最大限度地降低风险发生的概率，就必须在产品项目的源头把好关，尽量做到规范化、标准化建设。

市场风险点有很多，上述为比较常见的风险。作为创业者，我们应当了解市场的机会，也应了解市场的风险以及风险的构成和危害，及时做好防御和化解。

三、从创业者的失败及消亡看风险警示

一旦入市，就预示着你要面临市场的各种风险。其中，有些风险是你个人可以左右的，有些风险不是你能把控的。

在海域中的危险及创业者的风险比较

脚抽筋——企业主身体健康状况

为救人被拖进水中——替人担保，连带债务

游得太远，无法回岸——发展太快，扩张过猛

跌入水中淹死——不适合创业

被人陷害，掉入深海——遭遇骗局

渴死——资金链断裂

失去方向——选择产业错误或转型失败

越界被抓——非法途径经营等

内讧争斗——团队不和，后院起火

1. 企业主的身体健康状况

创业是一件身体力行、全力以赴的事，身体不好，精力不足，自然无法推动项目运作。身体不好不创业，这一条行业"铁律"。

有些创业失败，败就败在创业者的健康状况出了问题，最终导致项目"夭折"。这就很像在海中游泳一样，有些人会因为脚抽筋或身体的其他原因，困于水中，甚至而溺亡。

身体是革命的本钱，也是创业的首位本钱。

2. 替人担保或因连带责任受牵连

很多经营尚好的企业，因为碍于情面，帮兄弟或朋友做了担保，也因此受到了牵连。

如 2000 年前后浙江温州的很多企业，因为连环担保的事件，导致很多企业受牵连，最终清盘偿债。切记，创业者不要轻易为他人做贷款或高利贷担保。

前车之鉴，万望慎之又慎。

3. 发展太快，资金链断裂

就像在海里游泳一样，游得太快，游得过远，可能回岸的体力都无法保证。

有些企业，因一时在市场上"得势"，心就开始飘飘然，"兴师动众"搞扩张。

这种情况就有点"赌"运了，如果运气好就好，反之碰上市场形势突变，就会面临资金链吃紧，严重的可能导致资金链断裂，最后可能只有被收购或消亡。

4. 不适合创业，误入其道

创业是一种资本风险投资，也是个人价值取向的投入。有些人受经历、性格、心理承受能力和抗压能力等因素影响，注定不适合创业。他们或许受朋友或圈子的影响进入创业群体当中，就像不会游泳的人不慎入水，仓皇而狼狈。

5. 遭遇骗局，蒙受损失

创业是一场未知的旅行，是一次全新的经历。在这条路上，你可能会遇到各式各样的路人甲、路人乙，他们有能帮你的，也有准备"算计"你的。

生意场上，人家收了你的货物，但货款一直没给或者拖个一年半载的情况时有发生。这种还算好的，最可怕的是直接"闷棍"诈骗，导致资金链断裂，备受煎熬。不亚于好好的一个人，被人骗到海里去游泳，返回岸上时发现衣服都被人拿走了。

6. 资金链断裂

商海沉浮，导致企业资金链断裂的情况有很多。就像在大海中航船一样，如果连船员最基本的饮用水都无法保障，那么你不得不考虑返航，否则将面临"渴死"的威胁。

优胜劣汰，适者生存。绝大部分企业的"死亡"都与资金链断裂有着密切关系。这里我要告诉大家资金链断裂的几种常规缘由，最常见的是银行抽贷；其次是主要客户倒闭，导致应收账款成坏账。

保持充足的资金流，是项目健康可持续发展的必要条件之一。这同样属于市场"定律"。

7. 选错产业方向或转型失败

茫茫大海中，人们最怕的是迷失方向。

置身大海，一望无际、海天一色，如果迷失了方向，也就意味着暗黑的到来，抑或生命的终结。

创业亦然，创业者在规划和抉择时，如果选对了产业方向，那么自然顺风顺水，事业则会不断发展壮大。然而，创业者一旦选错了方向，就算投入再多，努力再大都将无功而返，甚至大浪淘沙。

从某种程度上来说，选择比努力重要。

8. 遇到市场大环境及国家政策调整

前路如何，世人无法预知。这种未知的因素就涵盖了市场大环境和国家政策调整。

遇到市场大环境或国家政策的调整，就像在大海里行船遭遇台风一样，随时都有翻船的危险；就像在全球蔓延的新冠疫情对某些产业的冲击，以及我国对教培行业的重大调整那般，所涉行业无异于"台风"侵袭，"飓风"压顶，翻船甚至毁灭或将是一种常态。

9. 制假、走私、偷漏税等不法行为

遵章守法事事顺，违法犯规时时难。

每个创业者，都要在法律框架内遵纪守法地经营，不得触碰法律底线。随着国家法律法规的逐步完善，创业者要认真考究法律允许的适用范围，

同时也要合法经营和践行绿色生态发展理念，这样的企业或事业才能行稳致远，做到可持续发展。

在此，奉劝那些存有制假、走私、偷漏税等不法经营动机的创业者，趁早摒弃此念。因为，这种"偏门"捞不得，也不能捞。

10. 团队不和，也会导致创业失败

百年修得同船渡，千年修得共枕眠。

大家能在一个团队里合作共事，那是一种莫大的缘分。但现实当中，有些团队却经不起时间的考验与合作模式的磨合。拆分团队，或者是提前变现退出，都会对项目的成败起到很大影响。往往有些项目会因经不起这样的折腾而"夭折"。

形象地讲，就像一条行进中的船一样，水手之间彼此不和，甚至出现内讧。可想而知，这艘船就算造得再好，动力再充足，因人心不齐照样将停滞不前。

创业，就好比一条行进在大海中的航船，要经受得住海上各种风浪的考验，也要懂得规避各种风险的陷阱。扛住风险和考验，或许才能捞到一网网的大鱼，才能到达彼岸。这对创业者亦是极大的挑战和考验。

台风效应，大形势的对应策略

什么是大形势？通俗地说，就是不以个人意志及企业意志为转移，涉及国际形势、国内政策变化所引起的形势变化，简言之大形势。

幸福的家庭家家相似，不幸的家庭各有不同。这种大形势，对各个行业都有着不同的影响。这种影响有积极的，也有消极的。其中，积极的影响可能商机千载一逢，能使企业枯木逢春；消极影响的范围有中心带及周围带的差别。

在此，以台风效应来解释大形势带来的消极影响及其策略性应对方式。

大形势举例：

· 20世纪二三十年代的经济危机

· 2008年的金融危机

· 新冠疫情

· 国内教培行业的新规

一、大形势台风的特征

台风，按照气象学原理来解释，属于热带气旋的一种。热带气旋是发生在热带或副热带洋面上的低压涡旋，是一种强大而深厚的"热带天气系统"。我国把南海与西北太平洋的热带气旋按其底层中心附近最大平均风力（风速）大小划分为6个等级，其中中心附近风力达12级或以上的，统称为台风。

究于大形势，我们可以这样理解，这是经济市场的自然规律。我们暂且不论其形成的原因，但要考究的是大形势有什么特征，以便就病开方，对症下药。

1. 大形势与台风都有路线可循

台风的到来，是有迹可循的，在现在各种卫星的监控下，我们可以清晰地看到台风的运行轨迹。

而大形势，如中美贸易摩擦，我们可以看到美国针对的企业是哪些？首当其冲的是华为，逼使华为5G芯片断供，与海外很多的电信公司与5G基站解除合同。为此，华为的整个产业链都受到不同程度的影响，订单急剧下滑，这就是中美贸易摩擦所针对的主要企业。美国的路线很明确，就要阻止中国高科技产业的可持续发展。

这是国家与国家造成的大形势。此外，还有自然界形成的大形势。

那就是突然暴发的新冠疫情，这个线条从一个国家到一个国家地传递，也是有迹可循的。影响再大，也是有范围和产业之别的，如在国内，最先受到冲击的是影视行业、餐饮行业、旅游行业等。

2. 台风中心眼及周边圈都较受影响

越靠近台风的中心眼，风力更大，影响更甚。而在周边圈虽然风力有限，但也会造成一定规模的影响。

比如，新冠疫情发生点或出现突发病例，在我国基本上是采取阻断隔离的方式防控。从某种意义上讲，这就是大形势的中心点，抑或台风的风眼，处在这个中心点的酒店、餐饮、影院等，势必是停止营业的。

再比如，中美贸易摩擦导致华为出售了"荣耀"机品牌及渠道，而原来计划推出的新款手机也无法如期面世。这就是贸易战大形势的风眼，而受其影响的各个配套企业，都遭遇着不同程度的影响，这就是我们所说的周边圈。

3. 台风来袭伴随狂风暴雨

在海边待过的人都很清楚，台风的到来会卷起海中的大浪，能卷翻海中的船只，也会带来狂风暴雨，淹没周边村庄及城市街道，同时伴随着电闪雷鸣，着实吓人。

大形势带来的影响，最可怕的不是风，而是风卷起的大浪给企业的致命一击。

大家细想当下新冠疫情的影响，受到冲击最大的是旅游产业，后续又逐渐波及餐饮行业、贸易行业等。这种影响对企业而言，不是单线条的，而是多维度、多层面的。

风雨雷电交加
有运行轨迹
风眼

大形势特征示意图

二、大形势到来的风险规避认知

台风过境，在风力的覆盖范围内，很难避得开。以我们在海边生活过的经验来说，大家最好不要下海，备好充足的粮食，找个地方避风，耐心等待台风离境。

如果此时的你已经身处大海，那么请做如下准备：

1. 小船赶紧靠岸，人尽快找地方避风

遭遇台风，小船最经不起风浪，但小船一般不会走得太远，靠岸也快。就像如今国家对教培行业实施的新规，如果你的盘子不大，入行不深，充其量只算是一艘小船，那么就请尽快关停，赶快上岸，物色其他行业去投资。

2. 大船要在海中保持动力，重新定方向

如果你是一艘大船，首先是要确保有充足的动力，并重新定好航行的方向，千万不要与台风较劲，冲往风眼中心。

就像现在的华为一样，保持着充足的资金及技术储备。就算台风再大，只要有充足的动力，加上适时调整发展方向，相信贸易战这场"台风"过后，华为可以迅速重新发力。

还有教培行业的新东风，同样需要调整产业方向，对于一个"资深"教培机构来说，确实打击致命。能否避开这场"大台风"，关键要看掌舵人的定力和智慧。

3. 尽量离开风暴中心区

台风来时，如果你的位置处在台风中心区，最好赶快避开。就像暴发的疫情一样，如果身处印度，你应该想办法尽快离开。

近两年，国内的制造业有从越南、印度回流过来的案例，这也是企业避开风眼的有效策略，重新调整航行的风向，尽快撤回安全地带，找好退路，谋求发展。

三、在大形势风浪中前行

在经济下行，或是在新冠疫情的当下，绝大部分企业无路可退，唯有披荆斩棘，逆流而上。那么，在大形势不利的情况下，我们又该怎么做呢？

1. 认清方向

要直观掌握台风的运行路线，也就是说要了解大形势的下步走势。此举，一是避免进入风险的中心眼；二是要选定未来的发展方向，寻找新的航行路线，助力企业转型升级。

2. 保持动力

在台风中行驶，航船最怕的是失去动力。因为一旦失去动力，船只连等待救援的机会都没有。

于企业而言，一旦失去资金流，那就意味着失去了动力，就随时有"翻船"的可能。如出现这种情况，银行机构一般不会施以援手，可能还会"落井下石"催收银行贷款。所以，保持一定的现金流，是你在大形势下自保的有效措施。

3. 开源节流

开源与节流可能是企业主日常的管理方式。但碰到形势危急的时候，更需要开发更多的渠道增加销售，以"开源"；节约企业开支，省下更多的资金，以"节流"。同时，还要避免做不必要的投资，以保持充足的资金流。

4. 顽强的意志

华为舵手任正非说过，烧不死的鸟终将成为凤凰，越在困难的时候，越要保持顽强的斗志。有时候，顽强拼搏的精神，充满信心的战斗力，可能是你战胜困难的不二途径。坚定自信，相信风暴很快就会过去。

大形势的下行境遇，无异于台风效应，要么适时做出规避，要么保有坚强意志，保持动力，逆风而行。

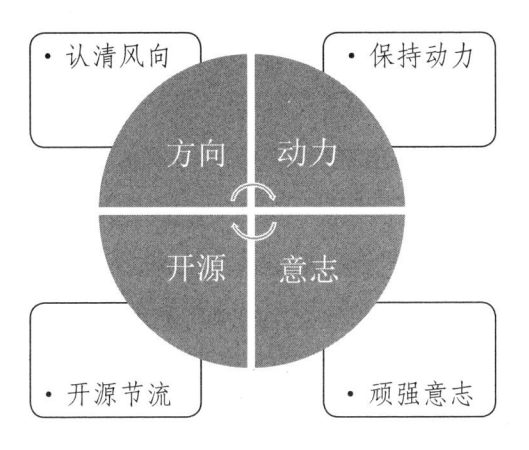

对抗大形势的关键节点

企业常态——逆水行舟

逆水行舟，不进则退。

企业一进商海，犹如一条船进入水中一样，有些市场就像一条小溪、小流，有些就像一条大江、大河，还有些甚至就像一片汪洋大海。大船不会"邂逅"小溪、小流，只是"游览"大江、大河，最终"归宿"汪洋大海。

企业的常态是什么？是顺风顺水，还是乘风破浪，抑或其他……但这些对企业来说都不是常态，充其量只是发展历程中的某个特定阶段而已。企业真正的常态是逆水行舟，逆风而行。

第一种场景，从供求关系看市场顺逆

市场供求关系，直接影响着企业这艘航船在商海中的行驶状态。如供不应求，企业自然顺风顺水；如供过于求，企业自当如逆水行舟。

道理很简单，受供求关系影响，企业产品在供不应求的时候，订单不断，产量激增，利润可观，这无异于企业这艘航船在大海中行驶处于顺风之势，巨大的风能推着航船不断前行，毫无阻力可言。

企业产品在供过于求的时候，订单下滑，产量骤降，利润惨淡，这就好比企业这艘航船在大海中行驶处于背风之势，顶着风浪行进，航船想要不断前行必须倍加发力，阻力何其大哉。

企业在顺风顺水中发展，不是我们要阐述的重点，因为这只是短暂的美好，而非常态的境况。

第二种场景，行业竞争决定企业不进则退

在这里，我要细说的是逆水行舟之常态。企业这艘航船要保持不断的前行状态，需要有持续的动力作为支撑，否则就会倒退。于企业而言，激烈的市场竞争决定了其"逆水行舟"的这种常态，商场如战场，丛林法则，弱肉强食，优者胜，劣者汰。

这就好比一棵树，一直在成长，但有一天突然发现，旁边的一棵树长得更快，遮挡了阳光。因为没有阳光，树不再生长了，慢慢地开始掉叶子了，最后连枝干都枯萎了。

残酷的市场竞争，注定了企业的发展常态是逆水行舟。事物的成长规律，即从小船变大船，大船变航母，这个不断发展壮大的过程也是企业负重逆行的历程。

唯逆水行舟之勇者，方抵达成功之彼岸。

市场——供求关系——逆水前行
行业——竞争程度——不进则退

企业的常态

生意场中的水深水浅与量力而行

同一个朋友聊天,说到北京的早茶生意极好。早上、中午、晚餐都需要排队,天天爆满。他建议说,到北京去开个广式早茶店,可以赚大钱。

我连忙双手推托,北京的水太深了,不是我们这些人去蹚的。我们还是做自己熟悉的这一行生意,在生意场一般不敢轻易去碰不熟悉的行业及生疏的地方。比如北京这地方,高产出,伴随着高投入、高风险。生意是好,但投入也不小,而且有些风险不是我们能预估的。没有一定的资本或能量,就不要到那个地方去。

总之一句话,水太深了。这个水深,对一个地方、一门生意来说,具有不可测的因素,一般有三层意思:

第一,水深的地方一般有大鱼,也就是有很大的投资回报;第二,水深,往往能淹死人,有着高风险;第三,水深的地方能承载大船,也就可以做大生意,小舟小船就不要去,容易翻船。

做大生意,创业投资往往需要量力而为,有多大的资本、资源、能力,就去做多大的事。

而从生意场上来说,水深是有层次的。

第一层:浅水滩,小溪小河

这里的水是承载小舟小船的。也就是很多小生意,如摆摊、开个小店,在淘宝、拼多多开个网店一样,一个人可以做,几个人也能经营,投入不大,回报也有限。但是,在这小溪小河上游泳、驾小船,自有其乐趣,自有其希望,以及向往的地方,哪天这条船变大之后,也可以开进大江大河之中。

第二层：在大江大河之上

就如长江黄河一样，水深可以承载一般的火力轮船，这对企业投资来说，是中等的规模。这时候讲究的是团队协作，而且有航向，有目标，有固定的客户。这大江大河，相对还是比较安全的，跌下水中，大部分人都能找到漂浮物或是游到岸边上岸。同时，这大江大河是流向大海，汇聚向广阔而深邃的海洋中，也是企业发展壮大的风向，希望哪一天能在这大海中飞驰。

第三层：在大海中，水深而宽广

这水有多深，很难测量，这水能承载十万吨级的大货轮，可以行驶庞大的航空母舰。在我们创业场景当中，从地方来说那就是北京、上海这些寸土寸金的地方；从投资来说就是大投入、大生意，比如投资几千万、上亿元，甚至百亿以上等。这里的水非常深，深到你摸不到底，水中充满大鱼，一投入可能就有大的回报。既大又深，深是不见底，广是见不到边。一跌入水中，摸不到方向，落不到底，游不到岸。也就是说有高回报，也有高风险。一般的企业没有发展到一定的规模，是不要轻易进入这市场中去的。

水很深的地方，像大海一样，充满着风险，但又是企业发展向往的终极目标，希望都能成为大轮船，行驶到当中去。多少人在三四线城市呼风唤雨，是数一数二的老板，但一到一线城市去，从规模及人脉等方面相比较，不外乎是小鱼小虾，一不小心就被大鱼吞掉，还不知道为什么。可见水深的地方，你要掂量自己的体能、体量，自己的大小，再往深水区驶去。

水深的地方，也不见得可怕，只是我们要有备而战，量力而行。

第二部分

持续经营与策略

第三章

持续经营

- **本章导读**

  企业的第一要义是什么？

  很多人会说是获利。

  其实，获利只是企业经营的基本需求之一。企业的第一要义就是如何持续经营，保持不败之地。在生意场上，很多企业的成功并不是你赚得比别人多，而是竞争对手"死"得比你快。

  美团是亏损的，快手、滴滴也是亏损的，还有很多企业如此，但为什么不倒呢？而为什么很多年获利上亿的企业一夜之间破产呢？一切都是有因由的。

  保持持续经营才是企业经营的第一要义，只要你好好地活着，盈利是早晚的事。

资金流，是企业的流动血液

问渠那得清如许？为有源头活水来。

在经营当中，我们经常可以看到很多企业，经营业绩不错，也一直在盈利，突然因为某家银行的抽贷或一笔货款没能及时收回，而瞬间"失血"倒闭。因为资金流这个"源头活水"断了，企业难免也会遭遇"缺血性休克"。

企业怕什么？怕的是资金链断裂，怕的是无计划的资金安排。如果作为企业掌舵人的你都不能全面掌控资金来源、资金需求、资金去往及支付节点等"卡脖子"要素，那么我有必要给你敲下"警钟"，你的企业或许离"预警"不远了。

如果你的财务人员没有做任何的资金计划及时间节点安排，重大资金调度和支付都是"现要钱，现报告"，总是给企业老板的你"惊吓"，那么，站在对公司负责、对员工负责的立场，我建议对这样的财务人员必须无条件撤换。

资金的流动，我认为是要有前瞻性的谋划，要有前瞻性的筹备。我们可以在多环节、多层面进行谋划和筹备，以更好地调节及保障企业的资金流：

一是企业应尽量建立健全经营制度管理规范。尽量避免货款结账周期较长，同时要形成规律性，强化资金计划。掐准时间节点，应收账款账期一到，全力及时催账，确保落袋为安。

二是应付账款周期形成计划安排。原料付款周期最好能与产品销售款回笼周期步调一致，协调推进，以减少采购资金的支付压力。

三是控制合理的商品及原料库存。企业的资金周转一般压在货款及库存的产品、原料上，其中应收账款较为直观，因为有业务人员和会计人员盯着，可以轻易地做到合理控制。但对于原料的采购及产成品的库存，可能会因为客户需求而多备，这是经营当中应注意的环节，要控制在合理的范围内，如有可能请尽量做到零库存。

四是拒绝无限期的压货及违约付款。有些企业，因为客户欠款太多，致使出现以一个月周期拖到半年周期付的情况。面对这类企业，你应该提高警惕慎重行事，因为它的到期支付极有可能是无限期的期票。

五是做好多家银行授信。企业可以也应该与多家银行进行合作，涉及抵押贷款的业务，同样可以向一些银行申请信用贷款额度。近两年来，国内各大银行陆续推出与纳税挂钩的税金贷，这在一定程度上可以缓解许多中小微企业的资金压力，以解燃眉之急。

享有"经营之神"美誉的日本知名企业家松下幸之助，对资金流是非常谨慎的。他在向银行贷款的过程中，如果所需周转资金是100万元，那么他会向银行申请120万元的贷款，预留20万元现金作"机动"资金，确保一定的资金活跃度。

我们可能很难做到如松下幸之助那般"前瞻性"谋划，但是你必须做好面对客户货款回笼延期的"应急预案"，确保在这个资金"空档期"资金流顺畅。当然，这个"应急预案"是可以做好筹划的。

资金流是企业经营过程中需时常关注，需前瞻性储备筹划的一个专项。在许多中小微企业的实操中，不少企业财务人员全然没有这个意识，这就需要企业主提前布局和统筹安排。

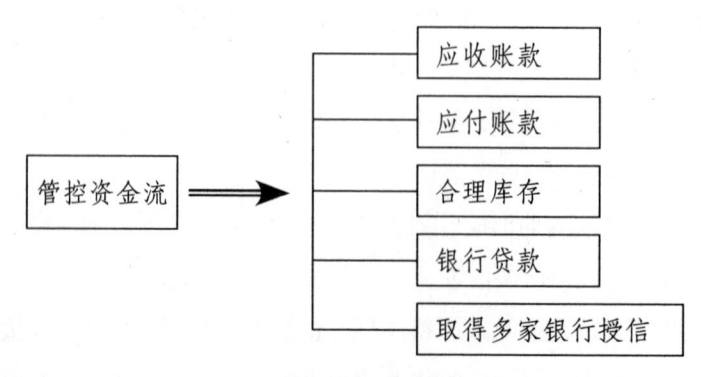

```
管控资金流 ──→ ┬─ 应收账款
              ├─ 应付账款
              ├─ 合理库存
              ├─ 银行贷款
              └─ 取得多家银行授信
```

资金流管控机制

企业的利润是拿来分红的吗

我们在经营企业或是刚进行创业时,心里总在盘算,公司赚到一些钱,自己的日子就会好过些。然而,事实上并非如此,特别是做实体经济的企业主,你赚到的那些钱,都不见得能尽收囊中。

企业的利润,首先是保证企业的可持续发展,我很理解刚进入创业群体当中的创业者,可能因为前期创业,已经是掏空了"六个钱包"。资本逐利,他们都想在经营当中能够实现盈利,以此来提升获得感和幸福感。

但往往事与愿违,更多的是有种"一入侯门深似海"的感觉。我们先来说说创业初期的一些状况,相信很多企业主都很有感触,一般半年内很难有盈利,即便稍微有点利润,也要用于进货,并且有些资金还被客户拖欠,利润则变成了应收账款。换言之,利润也可能是你的资产、存货、设备等等。

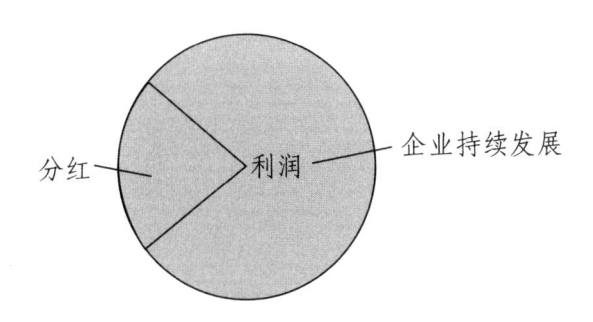

企业利润分配示意图

企业进入到稳定期，才算真正盈利的开始。假如赚到了 100 万元，你会把它全部拿去分红吗？

从企业的发展角度来说，我建议拿出 20% 至 30% 的利润作为分红，70% 左右的利润则是要保障企业的可持续发展需求。企业在经营当中，你不跟进客户需求，可能会被客户抛弃；你不满足市场需求，不及时改造升级技术和设备，那么也难以在市场上觅得立足之地。

客户需求、市场需求、扩产需要、增容需要等内外因素的动态发展，无不要求企业必须确保源源不断的资金投入，方能在激烈的市场竞争中占有一席之地。

企业的利润，是确保企业可持续发展的准备金，分红应是在满足企业发展前提下的一种资本再分配。如果你想要企业每年都能有分红，那你得握有稳健、持续、充足的利润。

资金杠杆的合理利用

杠杆，纯粹字面理解，即简单机械，是一个在力的作用下能绕着固定点转动的杆。

资金杠杆俗称"负债比"，负债比越高，杠杆效果就越大。然而，资金杠杆的乘数效果是双向的，当公司运用借贷的资金获利等于或高于预期时，对股东的报酬将是加成；相反地，当获利低于预期，甚至发生亏损时，就好比屋漏偏逢连夜雨，严重者就是营运中断，走上清算或破产这条路，使得股东投资化成泡沫。

然而，在众多的中小微企业经营实操中，资金杠杆的利用是处于弱势的。究其原因有两个：一是鲜有权属的固定资产，如土地、房子等；二是初创期及发展期很难形成银行信用。民营中小微企业的资金杠杆往往是以老板个人的资产及个人信用在银行或民间进行借贷，稍有不慎，企业可能面临关门的风险，后果不言而喻。

我们现在探讨的是资金杠杆的合理比率，其本质的意义是要告诫创业者必须慎重使用各种资金杠杆，以免发生重大的资金事故。

一、初创的中小微企业的资金杠杆利用

这个阶段的创业者，资金来源往往是个人积蓄或是向他人、银行借贷所得。从实现的宏观环境和真实的微观环境来看，初创企业的存活率，超过3年的，一般占比不足70%，也就是说投资创业，普遍的成功率不超过30%，70%留给你的是风险。

为此，我们建议，如你投资重资产企业，最好要备足70%以上的资金。因为重资产的投资，一般周转期较长，它几乎可以划归长投板块，这个心

理准备是必须要有的。如你投资轻资产一类，如贸易公司、服务类等企业，这类企业占用资金量并不是很大，而且周转速度较投资重资产企业要来得快点。稳妥起见，投资者最好能准备50%的资金。

同时，友情提醒：现在的企业经营，市场信息非常透明，如果没一定的资源或技术，建议慎重投资创业。

二、处在发展期的中小微企业

创业者已完成了第一期资金投入，接下来需要的资金更多的是用于周转或添置设备扩产。这个阶段，你可以综合采取以下多元化的资金杠杆：

（1）通过银行进行个人借贷。特别是你的企业有一定的纳税及纳税评级，可在各个银行以税金贷的形式取得信用贷款。

（2）为了支持中小微企业发展，很多地方政府设立了担保公司，你可以通过与当地财政、商务、工信等部门沟通，让他们为你的企业提供担保。

（3）一般情况下，不建议你通过民间的高利贷来周转资金，这是情非得已而为之，但必须是小批量、短期性。如果项目扩产或销售增加的所需资金，全部要通过民间高利贷来完成，那我劝你放弃，最高比例是八二开，即手持80%的现有资金，民间借贷控制在20%以内。"八二"定律，必须遵循。

（4）借入的资金，你要量力而为。如果属于重资产投资的企业，你的固定投资占比已达总资产的50%以上，那么公司在外面投资的资产负债率最好不要超过60%。如果属于贸易型企业，那你的投资比例不要超过100%。

当然，企业在实际经营中，可能会发生许多意想不到的困难和问题，但不管怎么样，我认为，保持合理的资金杠杆比例是控制企业及个人资产安全的较好方式。因为，几乎每个银行或者个人借款，都要走担保流程，控制合理的负债比例及资金杠杆，这在某种程度上也是保障企业在非正常运行情况下能清偿各项债务，避免累及个人资产。

合法经营是企业必经之路

合法经营，依法纳税是企业发展的必经之路。为什么这么说？

习近平总书记指出："我们要实现经济发展、政治清明、文化昌盛、社会公正、生态良好，必须更好发挥法治引领和规范作用。"党的十八大以来，以习近平同志为核心的党中央提出一系列全面依法治国新理念新思想新战略，明确全面依法治国的指导思想、发展道路、工作布局、重点任务，做出一系列重大决策，推出一系列重大举措。

2020年5月28日，我国颁布了《中华人民共和国民法典》。

2020年12月，中共中央印发了《法治社会建设实施纲要（2020—2025年）》。

全面依法治国是坚持和发展中国特色社会主义的本质要求和重要保障，事关我们党执政兴国，事关人民幸福安康，事关党和国家事业发展。我们在商言商，当前一些企业在法治建设的社会实践中仍然存在不足和盲区。

1. 电商行业

在淘宝或天猫、京东、拼多多上的电商企业，大多经营者仍然保持着5年或10年前的经营思维：少纳税、不缴税。

这是一个极大的隐性风险点，规范经营、依法纳税是大趋势，我认为这些电商企业应该尽快地建立财务系统，完善税收链条，及时有效规避这一风险。

2. 知识产权保护

创业要注重原创，我们在经营时，应该通过商标的注册、专利的申请、外观版权的设计来构建知识产权的"保护网"。法治社会的一大显著特征，就是对原创的大力保护。

3. 收支合法合规化

你的收入是否已纳税，你持有那么多的现金，你的来源是否合法，你转到别人账户的资金会不会是赃款……国家已在收入合法上进行了科学布局。电子货币的应用、金税四期的上线，将把企业、个人、银行等不同的个体和群体用大数据关联在一起，账户联查轻而易举。

4. 劳动权益得到更大程度的保护

当下已实施社保入税，以前称为缴纳，现在名为征收，也就是法律规定的执法行为，你应当依法缴纳。

随着全面依法治国的纵深推进，依法经营必将贯穿企业发展始终。刚才所反映的主要是涉及企业的财税问题，希望广大经营者在具体的经营实操中，提前做好预判，坚守合法经营之道。

断臂止血，及时止损

断臂止血，听起来何其悲壮！

这样的场景，你是否经历过？相信不少企业主看到这一句话的时候，早已泪眼蒙眬。

或许因为无奈，曾忍痛关停了自己亲手创办的企业；或许因为无助，曾悲情遣散与自己同甘共苦的兄弟姐妹……面对这些无奈与无助，哭不能表达痛苦，因为那凝聚着你的心血；悲不能表达你的情感，因为那是你奋斗和战斗过的地方。

梦想照进现实。在光鲜亮丽的外表下，或许很多企业已是病变了的手臂，企业主虽然很痛，但还是想保留下来。如果一旦关停，那么多账款怎么还？跟随自己打拼的那个团队该怎么办？自己今后又该何去何从？

不关停，企业每天都要"输血"，每个月都要想着办法筹钱发工资，钱越借越多，雪球越滚越大。这种日子何时是个头？

愁是不能解决问题的。碰到大事，要有静气。这时候，企业主就要静下心来琢磨以下这些问题：

1. 评估这个企业的行业趋势如何？

是否很有前景？（10分）

是否能保持一般的竞争水平？（5分）

还是已经有新的趋势，新的平台出现？（0分）

2. 评估资金流还能支撑多久？

1个月（0分）

3个月（1分）

6个月（5分）

12个月（10分）

3. 产品销售好转的时间周期多长？

12个月（0分）

6个月（5分）

3个月（10分）

4. 对企业的后续发展是否有通盘考虑？

迷茫（0分）

有计划（10分）

5. 身边是否有亲朋好友支持？

没有（0分）

精神鼓励（5分）

资金支持（10分）

综合以上得分，看看自己处在何种阶段：

得分30—50分，可心无旁骛地干下去；

得分30分，可继续坚持；

得分10—20分，要做好放弃的准备；

得分10分以下，务必尽快止损。

断臂止血、及时止损，是要有莫大勇气的。换个角度思考，其实断臂止血在你的人生历程中，并非意味着放弃，或许是另一段新征程的开启。

关住闸口，良性急救

你可能听说堵住堤口、堵住漏洞的说法，未必听说过关住闸口的思维。

关住闸口，好比是一个水库在干旱的时候，为避免水过多地往外流出而采取的一种"关门"举措，意思等同于"截流""断流"。

置于企业的经营来看，就是因市场周期波动的影响，在本阶段或下阶段会出现销量骤降或者是某种关键原料断货，在资金流支撑的情况下，企业将面临"干旱"的状态。

比如 2021 年出现的芯片供应危机，不少工厂都拿不到芯片，没办法出产品。工厂面对这种"干旱"境遇，必须维持好日常的运营，如员工的工资、关键产品的投产等，确保根基不动。

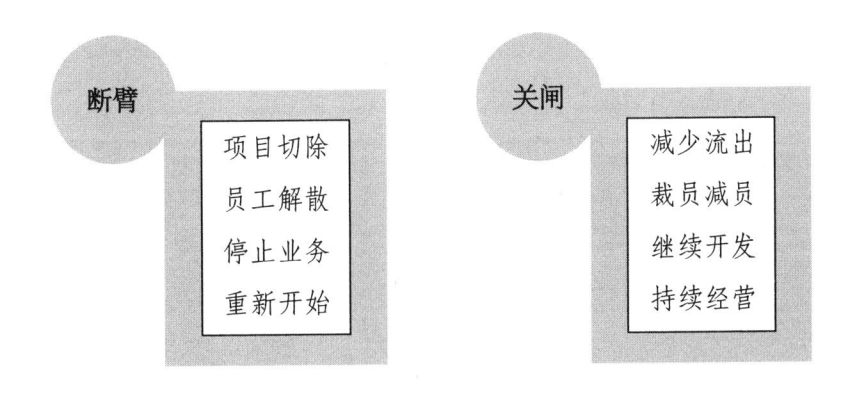

断臂	关闸
项目切除	减少流出
员工解散	裁员减员
停止业务	继续开发
重新开始	持续经营

断臂 VS 关闸

结合企业经营实况,我们该考虑哪些资金流"渠道"以达到蓄存"资金流"的功效呢?

(1)是否需要裁员;

(2)能否暂缓支付账款;

(3)能否引进新的资金;

(4)能否"关闸"或暂缓当前非必要项目;

(5)能否暂缓原采购计划;

(6)能否延期银行贷款,避免资金大出。

关闸,往往是碰到行业大调整或者突发性市场周期,而采取的特别行动措施。这番操作过后,能否引来"流水""止渴",就要看企业主的魄力和企业的抗风险能力。

企业全方位的安全管控

企业安全，是企业最大的效益。

大家是如何理解"安全"的呢？可能不少人认为是消防防火。这个认知本身没错，但企业的安全仅限于此吗？答案是远远不止。

十年前的三鹿乳业倒闭，是因为火灾吗？不。是食品安全问题。奶粉中含三聚氰胺，十亿级的品牌企业，一夜之间灰飞烟灭。

所以，我们说的企业安全，是企业的安全体系，是总体企业安全观。它涵盖涉及企业安全的不同角度和维度、不同层级和触角，自成体系。

一、产品体系的安全

一个企业达到了一定规模，其产品覆盖范围会越来越广，风险系数自然会随之升高。所以产品的安全，是企业的第一安全。

1. 是否符合相关环保标准

欧美国家之于环保产品的标准体系较为健全。其中，在重金属级无卤的监控上，特别是一些重金属无卤的环保指标，是不可触碰的红线。对于电子产品来说，或许一个零部件出现超标，就有可能引发全球召回，这种后果不堪设想。

2. 避免产品设计专利侵权

"山寨"仿制的年代已是过去式，如今业内对版权及专利的认知越来越高。这种"大环境"也催生了一些专门代理起诉侵权产品或非法使用他人版权的律所和公司。

为此，对企业产品要有知识产权申请及保护的意识，避免花费大量人力、物力、财力研发出来的产品被他人判定为侵权，甚至还需赔偿和停售。

3. 符合相关法律法规的标准

产品生产，首先必须符合行业法律法规的标准。如食品类，要符合食品安全法的相关标准；儿童玩具类，其大小及材质要符合国家相关规定；电器产品类，则要通过 3C 标准测试；等等。

任何产品出了问题，都会波及市场。特别是规上企业，投资以千万、亿元计的，或许一个指标的相差，就会带来不可估量的市场损失。

二、资金层面的安全

1. 企业对银行贷款的还款预期

企业的银行贷款多属一年期，金额几百万元、上千万元，有些属于项目贷款，则以亿元计。每到还贷期，要一次性拿出大量资金，确实对企业资金的调配是种考验。为此，企业应提前计划，筹措足额资金以还贷。

2. 企业的应收账款与原料采购

企业的资金链，一头"链"的是销售收款，另一头"链"的是原料产品的采购。资金链的良性运转，是企业正常经营的基础性保障。为此，保障企业资金流动性的安全，在某种程度上就是保障企业安全。

3. 避免个人侵占或挪用公司财产

公司的资产，特别是现金流，是企业正常运转的保障，企业主或主要股东应高度自律，从个人做起，切实维护公司日常周转安全，不得从公司挪用资金，以免"祸起萧墙"。

三、管理层面的安全

1. 公司财产安全的管控

公司应建立健全财务体制机制，对公司的固定资产、存货、原料、现金等进行定期审核，避免一些岗位管账又管钱。如，会计与出纳的岗位应分开；采购与仓管的岗位应分开；生产主管与品质主管的岗位应分开等。

2. 技术保密避免单人掌控

有些公司拥有一定的技术方法或保密配方，这类企业在管理上应尽量避免由单人掌握。稳妥起见，要采取制衡之术，在确保安全的前提下实现权衡。

企业在避免机密外泄的同时，也应防止个人离职或身体原因，导致企业的生产遭受影响。

3. 避免高层管理人员全面管控

企业主应在关键核心处实施掌控，如财务、人事等，避免公司全盘交由职业经理人代管。不然，公司容易失控，特别是遇到困难或转型变革期，往往会出大问题，如国美与陈晓之争。

再者，遭遇困难时，职业经理人往往可以全身而退，而作为企业主，则必须无条件兜底。所以，选用"操盘手"时，需扪心自问，如果其缺位，我该怎么办，我能怎么办。切勿因一个人的存在与否，影响企业的正常运转。

四、法制层面的安全

企业必须在法律法规的框架下运作，这种法制安全主要贯穿于企业经营的如下方面：

1. 企业依法经营、按章纳税

随着国家征税管理体系的不断完善，对企业往来资金的要求也愈发规范。特别是当下大数据化、AI化管理，依法经营，按章纳税，是企业经营安全的必备条件之一。

2. 企业的产业应符合环保要求

环保无小事，规范正当时。随着习近平生态文明思想的不断贯彻落实，国家对环保的要求也不断加强，企业的产业也必须符合国家及当地的环保要求，并取得相关环保手续。

3. 切实保护知识产权安全

法治社会的另一个特征，就是强化对知识产权的重视，加大国家、企业对知识产权的保护力度。在宏观层面能打压一些企业知识产权的违法行为；在微观层面则能通过合法途径申请保护自身的知识产权合法权益。企业在维护知识产权及商标权时，也应避免出现侵犯他人专利、商标外观等不当行为。

五、生产层面的安全

企业的生产安全，涵盖水、电、火及设备驱动等方面的安全。这种安

全涉及员工的生命安全及厂区财物安全。生产安全的"紧箍咒",全员都要念:

(1)加强消防设施的配备及定期巡检。

(2)实行全员教育,知晓设备运行及生产注意事项,避免安全事故。

(3)注意用电、用水安全,定期检查维护。

(4)杜绝火患,在生产区域及仓储等重要区域确保严禁烟火。

(5)强化应急演练,提升事故处置能力。

企业安全,是全领域、全周期的安全,是一项系统工程,作为管理人员或企业主,要进一步提高政治站位,强化安全意识,切实落实安全生产主体责任,建立健全安全生产运行机制,加强安全监管,切实提高安全生产意识和安全操作水平,让企业健康、安全、有序运转。

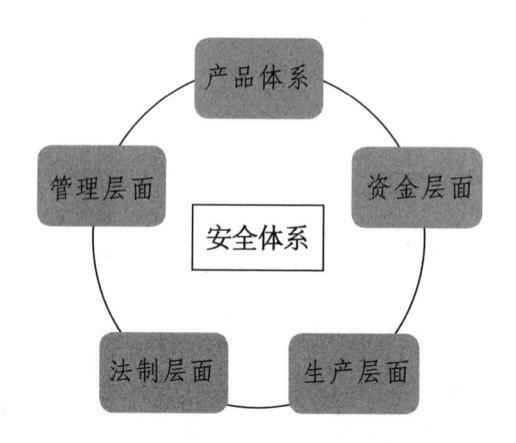

企业安全体系示意图

企业不同发展阶段的行为模式

从初创企业发展到规上企业,一般要经历三个阶段,即初创阶段、发展阶段、稳健阶段。而与这三个阶段匹配的行为模式,也可形象地称为划独木舟、团队赛龙舟、驾驶轮船。

一、初创阶段

此时的企业规模较小,很多创业者事无巨细,亲力亲为,总经理、业务员、送货员"一肩挑",如同一个人划独木舟,劈波斩浪,横渡江河。

话说到这,我也要向我的合作伙伴,以及有类似经历的所有创业者致敬。只有拼尽全力,才能不负韶华。

二、发展阶段

进入高速发展阶段,企业已有管理分工,有业务员、司机、生产车间管理员等岗位人员。每一个岗位的有序串联,是推动企业高速发展的强力"纽带"。犹如划龙舟一般,船上的每一个人都有各自的职责分工,大家相互配合、相互鼓劲,全员心往一处想,劲往一处使,合力助推龙舟在江河上疾行。

这个阶段的核心要义,是要确保企业整体推进的步调一致。企业主不仅要带领团队齐心协力不断开发产品及业务,而且还要预测竞争对手所带来的"冲击",就像与一艘大船相遇,不要因对方掀起的波浪,而卷翻了自家的船。

三、稳健阶段

经过不断的历练与成长,企业进入一个稳健期。在业内人士看来,此时的企业已是一艘轮船,在行业中有一定影响力,也具备一定的抗风险能力。

这个阶段，企业主不用再操持体力劳动或者是具体的工作，更多的是规划路线，掌舵方向，规避风险，寻找商机。同时，也需关注外部环境，如行业变革、市场变化等。企业发展上了规模，资产也上了体量，作为企业主的你可谓是大轮船的船长，更要小心翼翼，如履薄冰，掌舵这艘"万年船"。

任何企业都可以参照上述三个阶段，给自己的发展进行"体检"和"定位"，以择用适合自身需求的行为模式。企业主的思维模式、行为模式应根据企业的发展适时做出调整，否则将面临"逆水行舟"之境地，不进则退。

企业	形象	企业主	
初创阶段	独木舟	亲力亲为	事无巨细
发展阶段	划龙舟	团队协作	各司其职
稳健阶段	大轮船	定方向	定战略

企业主不同阶段的行为模式

企业主的自律修养

在我们的日常生活当中，经常会看到某某企业一夜回到"解放前"。原因有很多，如市场变化、政策调整等等，均为外因。究其内因，往往和企业主要股东或老板个人有莫大的关系：有些是涉赌，还有些则是股东个人利用职权，擅自挪用公司款项，导致资金链断裂。

《礼记·中庸》曰："莫见乎隐，莫显乎微，故君子慎其独也。"自律，是一种自我管理的方式，在别人看不到的地方、管不到的地方，作为企业的老板更要注意自己的行为，"拧紧"总开关。

故不积跬步，无以至千里；不积小流，无以成江海。

成就一家企业，非三五年甚至更长时间之积淀不可。但败一家企业，可在瞬息之间。企业主的自律，实际上是保全自我、保全企业不可或缺的应有之义。而企业主在经营中的自律，应包含以下几个方面的内容：

（1）公私分明。企业的就是企业的，个人的就是个人的，切勿将公司的钱财当作个人私有财产（个体户除外）。

（2）不沾赌毒。经营一家企业，不能全身心投入，自然难以成功，远离赌、毒等不良嗜好，是一个企业主的修身原则。

（3）不贪小利。作为一名企业主，在经营实践中，不能因贪图个人的那点蝇头小利，而做出伤害公司的行为。

（4）把控欲望。海纳百川，有容乃大；壁立千仞，无欲则刚。企业主如能心无旁骛，专注一处，自能扛起大旗，成就企业发展的美好愿景。

知之非艰，行之惟艰。企业主的自律，一是要有自律之心、之恒念；二是要有担当之义、之定力。唯有此，方能做得到"慎独"。

公产与私产

很多企业主有一个理解误区，那就是公司财产等同于个人资产。有些股东及管理者，自以为掌控公司的管理权及资金调拨权，便随意借调资金或将资金挪作他用。当然，个别上市公司也存在类似情况，不过他们的手法更高明、更隐蔽，即通过控股的母公司挪用上市公司的资金，表面上看是控股公司业务需要，实则为实际控股人因资金需求所做的个人决策。

何为公产？我们先来看《公司法》的规定。该法第三条明确规定，公司是企业法人，有独立的法人财产，享有法人财产权。

同时，《公司法》第二十条规定，公司股东应当遵守法律、行政法规和公司章程，依法行使股东权利，不得滥用公司法人独立地位和股东有限责任损害公司债权人的利益。公司股东滥用股东权利给公司或者其他股东造成损失的，应当依法承担赔偿责任。

此外，《中华人民共和国刑法》第二百七十一条规定，公司、企业或者其他单位的工作人员，利用职务上的便利，将本单位财物非法占为己有，数额较大的，处三年以下有期徒刑或者拘役，并处罚金；数额巨大的，处三年以上十年以下有期徒刑，并处罚金；数额特别巨大的，处十年以上有期徒刑或者无期徒刑，并处罚金。

从上面表述的法律知识，大家可以明白这么几个关键点：

（1）公司是企业法人，有独立的法人财产，享有法人财产权。那么，法人是什么？根据《中华人民共和国民法典》第五十七条之规定，法人是具有民事权利能力和民事行为能力，依法独立享有民事权利和承担民事义务的组织。

（2）大股东不得损害小股东的权益，造成损失的，应当依法承担赔偿责任。这里所指并非只是挪用公款，也涉及关联交易及一些决策的行为。

（3）不得利用职务之便侵占公司财产。

股东和管理层可以分开，但很多公司的管理层一般由大股东筹建，大股东有任董事长或总经理的惯例。大股东不得利用控制权影响公司交易等决策，以免对小股东造成影响及损失。而作为管理层，不管你是否为股东，如果利用职务之便侵占公司财产，则属于刑事犯罪。

近年来，最为典型的侵占公司财产罪，一是雷士照明的吴长江，二是真功夫连锁餐饮的蔡达标。我们姑且不去评论其间的是与非，但侵占公司财产的事实毋庸置疑。

作为投资者及管理者，必须牢记公司资产并非个人财产这条原则和底线，只有经过分红或公司解散之后的所得才是你的个人资产。

公是公，私是私，界线必须划清，不得随意混淆。否则，互信合作之基不存，共赢发展之势不复。

$$公产 \neq 私产$$

第四章

经营策略

- **本章导读**

　　策略就是战术，策略就是有进有退，策略就是放小吃大。

　　老子曰：将欲歙之，必固张之；将欲弱之，必固强之；将欲废之，必固兴之；将欲取之，必固与之。是谓微明。柔弱胜刚强。鱼不可脱于渊，国之利器不可以示人。(《道德经》第36章)

　　你明白上述这段话，基本就明白了策略的深意。策略，不外乎事物常规发展轨迹的应用而已，国家如此，企业也是如此。

　　但企业的经营策略，在战术上来说，应是阳谋。策略的行为，是顺应市场、客户的需求，在某一方面策略性调整。比如在开发新品、新客户时会做些成本补贴；在经营当中会考虑明星产品与瘦狗产品的依存关系；以及在管理中一些技巧的应用等等。

　　经营需要策略，而策略不等于奸诈。

跨界与跨行

20世纪90年代之前,互联网经济尚未兴起,行业与行业之间交叉,没有跨界这一说法,充其量只能说是跨行。

然而,随着移动互联网平台经济及行业寡头的兴起,开始有了跨界打击、跨界进入这一商业模式。跨界与跨行,从内在的市场经济运行角度来看,存有本质的区别;从传统的跨行与跨界角度来说,也有天壤之别。

以造车行业为例,试问宝能造车、小米造车、董明珠造车、恒大造车,属于跨界还是跨行呢?

我认为,这属于跨行,而不是跨界。

什么是跨界?形象地从国家边界来说,是从一个主权国家进入另一个主权国家的行为,该行为有获批的,也有未获批的,但均带有明确的目的性。在商业体系的跨界经营也是一样,它是一家经营主体或个人从一个商业体系进入另外一个商业体系,其目的是要占据另一个体系的资源或市场,颠覆原有的市场模式。

什么是跨行?跨行的商业行为,是一家经营主体或个人从一个商业体系进入另一个商业体系,其目的是进入另一个体系,融入该体系并分割部分市场。

显而易见,跨界是侵略式,跨行是切入式。前者的目的是颠覆而成为主导,后者的目的是融入并与之为伍。

无论是宝能造车还是小米造车,抑或其他,有谁能颠覆这一行业,能主导这一行业?不外乎想进入该市场,拓展企业的产业链条,做好市场布局而已。为此,董明珠、雷军、姚振华等人的造车行为,只能说是跨行而非跨界。

于电动汽车行业而言，我觉得埃隆·马斯克及其特斯拉团队才是跨界投资行为。马斯克于 2004 年投资了特斯拉，并出任该公司董事长。他们是用 IT 理念来造汽车，而不是用传统思维去造车，电动汽车只是一个架构、一种外壳而已，特斯拉成为互联网电动汽车的代名词，在汽车行业中自成电动车产业体系，俨然先驱。

而在其后投资电动汽车的各路人马，皆为追随者。对于这些"后来人"而言，他们只是在跨行做事。

我们再来看看美国的优步、中国的滴滴，他们是出租车市场的跨界进入者，颠覆了出租车行业的出行模式及商业规划，他们不是出租车公司，而是一个互联网平台，却干了出租车干不了的事情。这种新模式与旧行为的迭代更替，其显著特点一是通过互联网平台，二是在市场中成了主导，三是颠覆了原有模式。

在这里，我还想和大家分享一项传统服务的跨界。代理记账，原来是各个地方会计师事务所或会计个人兼职的工作，一个月公司的费用支出从 500 至 2000 元不等。自 2017 年开始，出现了互联网平台的记账服务公司，有些是软件开发公司跨界进入，有些是互联网公司操控，类如慧算账、大账房、噼哩啪啦等，把代理记账这一技术活变成了可复制的模式，价格从 500 元降到 100 元，甚至更低。这种可复制的模式，也是跨界而来的。

高维打压低维，平台式击破主体式……跨界与跨行，用各自的维度和特性，演绎着不同的"经章"。

跨界与平台的区别

类别	区分对比						
跨界	模式	平台	高维	整合	颠覆	割据	主导
跨行	技术	主体	低维	独立	发展	融入	追随

作为创业者，要明晰自己的投资商业行为，精准定位跨界还是跨行，以适用的商业思维和模式，助推企业朝着预期进发。

红花与绿叶"映衬"产品与客户结构

俗话说："红花仍需绿叶衬。"我的理解是有两重意思：一是红花与绿叶的搭配，突出红花的艳丽和气质；二是红花的成长历程，需要绿叶作为铺垫，它是护花成长的"使者"。

美国管理学家、波士顿咨询公司创始人布鲁斯·亨德森创作的波士顿矩阵法，揭示了企业产品在市场上的品类结构，却没有揭示它们之间的联系，是单纯地在花开的时候看花草，而没有看到花开前的成长过程。

1. 明星产品是在瘦狗类及问题类产品上成长起来的

进入任何一行业，大多从零开始，由第一代产品、第二代产品、第三代产品，不断提升和改进而来。客户给你做的第一单产品，往往是低利润、高难度，这个就是所谓的瘦狗类或问题类产品。待你过了这一关，客户觉得尚有合作空间，则会再给些新品种订单，这些往往就是明星及金牛产品。

如果所属企业是面向市场的销售公司，产品一要靠技术，二要靠低成本。在总体供大于求的市场背景下，打开市场销路靠的是低价切入，其中的大部分产品是瘦狗类。在畅通了渠道、掌握了客户资源后，你才能销售明星及金牛类产品。

不同的产品及客户构成，是企业发展所处不同阶段的产物。任何明星及金牛产品都是踩着瘦狗与问题产品的肩膀"登攀"而来的。

2. 优质的客户是在市场及经营过程中培育起来的

在企业的生产与经营过程中，优质客户的重要性不言而喻。打个"不恰当"的比方，如果你是苹果手机产业链上的供应商，想不上市都难。

业内，有些"出身"好的企业，他们具备着做业内最高端客户，或者是体量最大客户的"先天"条件,这是不可复制的,毕竟凤毛麟角。但现实中大部分企业,都是从作坊做起,不断做大规模;从低端品牌做起,不断做强品牌。

贯穿企业整个成长和发展过程,最底层的客户,就像是绿叶一样,衬托着鲜花的含苞待放、花开正艳。当然,也有花开之日,绿叶不再,犹如寒梅,冬日绽放,难寻绿叶,但这不能"抹杀"绿叶曾经陪伴的功劳。

红花当然配绿叶。优质的客户,好比那朵艳丽多姿的红花,而用心用情用力的市场服务就是那片绿叶,红花、绿叶相辅相成,相得益彰。

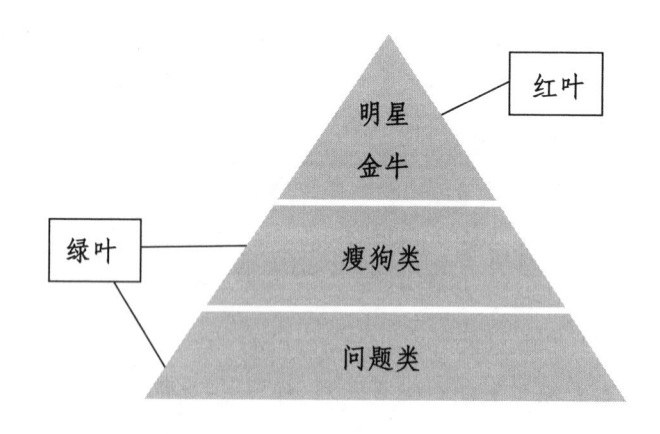

红花与绿叶示意图

福利是种刚性需求

福利是刚性的，管理者或企业主应明白这一原理。我从事企业管理已20年之久，坦白地讲，随着时间的推移，公司员工工资只有涨没有降，包括退休工人的退休金及相关的福利，也只做加法，不做减法。

福利刚性为何"刚"？一是指人们对福利的心理预期只能高于或等于现阶段；二是单位对福利，即工资待遇、绩效等支出要维持现行标准或上调。

心安之处便是家。作为企业主或主要管理者，需用好福利这一刚性需求，尊重员工、善待员工，花"小钱"，聚"人气"，稳"民心"，保障企业生产安全、有序推进。

那么，是不是任何福利都要满足呢？在这里，我们不妨进行一番探讨：

（1）对员工做出的承诺皆需兑现

言必信，行必果。企业对员工做出的承诺，不管付出多少，都应该兑现。否则，员工会对企业主的信任度产生怀疑，也会影响到今后工作的开展。

（2）激励要分步骤分阶段进行

在做激励的时候，应该逐步安排，逐步提升。不要让绩效提成及公司干股同步到位，否则后续的激励动力将面临"断档"。

（3）涨工资要统筹兼顾个体及周边群体的公平

中等规模、薪酬体系尚不完善的企业，在对个别技术岗位或管理岗位加工资时，需慎重对待，在考虑个体差异性的同时要兼顾周边群体的公平性，以免产生不必要的负面效应。

（4）福利心理预期就高不就低

员工的用餐，一旦提供了免费的午餐，就不要再提收钱的事，否则适得其反。

有些公司从每周单休调至每周双休,一旦实行,公司的整个工作氛围就是5天制,有时候付加班费,员工也还不乐意。

(5)工资只有往上走没有往下调

员工的工资待遇只有往上走的趋势,一般没有往下调的可能。这是因为:一是货币的增发与贬值;二是人们正常的心理预期;三是周边企业的影响及国家最低工资标准的不断上调。

以上福利刚性需求是企业及员工行为的惯例,而作为企业管理者来说,可以做哪些调控呢?

(1)先紧后松的福利模式

先紧是逐步降低人们对福利的预期,后松是不断提升员工对企业福利的满意度。

(2)在时限内实施薪酬方案及考核机制

企业可在一定的时间内实施薪酬方案及考核机制,届时,有利于对企业各项待遇进行评估,以做出合适的调整。

(3)奖励机制与惩罚机制同步同轨

奖时容易罚时难。对企业来说,增加福利很容易,但兑现惩罚却很难,难在员工不理解、闹情绪。那么,最好的方式就是奖罚分明,互为依存,以降低负面效应。

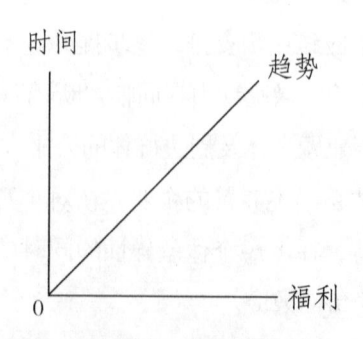

福利发展趋势示意图

做大与做强

做大与做强，乍一看，这两个词语似乎没啥区别，好比做大了就强了，做强了就变大一样。

实则不然，我认为这两者是有区别的。强的是筋骨，能否结实有力；大的是身躯，是否魁梧伟岸。两者理论上是不存在冲突的，可以并行发展，但是放在特定的阶段，倒是要有先后。有时候，应当是先强筋骨后壮躯干；有时候，可以是筋骨与身躯一并成长，因为没有强大的身躯，就如蚂蚁一样，即便力气再大，充其量也只能是蚂蚁，一捏就死。

老子曰："胜人者有力，自胜者强。"企业强筋骨，是练就"内功"，包括品质管理、技术研发、内部管理、服务效率等。

对于一个创业者来说，如企业处于初创阶段，则应补充专业人员，做好技术及服务提升，把基础打牢，把技术掌控到位，形成强劲的筋骨。而做大身躯，则是提升产能、业绩，设备增资扩产等。形象地说，就像小孩学步一样，要先学站，再学走，后学跑，切忌盲目求大，不切实际，否则跑得快，就会摔得狠。

往细里说，先强实际是一种成本投入。一个企业，如果没有人才支撑，则很难实现企业标准化、流程化、规范化的内部管理。再者，如果没有先进的生产设备、研发技术，企业拿什么为一线品牌提供产品和服务呢？

内强筋骨，是企业健康可持续发展的必由之路，也是企业做大的基础前提，没有强的支撑，也就没有好的品质，好的标准。先强而后大，已经成为企业的一条"定律"。

企业要先强而后大，强与大相结合。如果只强不大，生产规模、销售规模都上不来，那么企业的这种强很难有持续的成本支撑。

如何才能让企业的"做强""做大"落地见效？在这里，我想和大家做一个经验分享。我们可以用好国家的产业政策，比如对"专精特新"企业的扶持。一个企业要做强、做大，就要在"专精特新"上下功夫，这在一定程度上也代表了企业的四个发展方向：专业化、精品化、特色化、创新型。

依照上述发展方向，明晰自己企业的所属类别，并深耕将其做强做大。国家最近推出的北京证券交易所，就是助力中小型企业证券化，帮助他们解决融资难问题，同时也是扶持一批符合"专精特新"的企业做强做大，以成为行业"小巨人"，"进军"新三板。

先强而后大，既强又必大，强、大循序渐进，相得益彰。

强 = 内强筋骨 = 企业的技术、管理、服务、团队、研发

大 = 肌肉躯干 = 企业生产规模、人员数量、设备台数等

强与大的区别

广义的投资思维

投资，一般是指以资金、实物等投向指定的一个项目，以寻求资本增值。这是狭义的投资思维，如投资基金、股票、企业等等。

在这里，我们要说的是广义的投资思维，包括资金指向、人力指向、时间指向等。任何创业者或管理者，都需具备这种广义的投资思维，以让所投资的金钱、时间和人力皆有价值，均能增值。

我所理解的广义投资思维，即广义投资是以本身现有的资金流（包括资金实物、人力、时间、知识等），投向一个标的物（可以是人、事、物等具体有形的，也可以是无形的），寻求一种资源的增值回报或是另外的一种隐性回报，包括知识增长、经验取得、生命延长、人情回报等等。

广义的投资思维，会拓宽你的眼界，提升你的格局，让你看得更远、收获更多。更重要的是，能让你所投的每一分钱、所做的每一项目都有溢加价值。

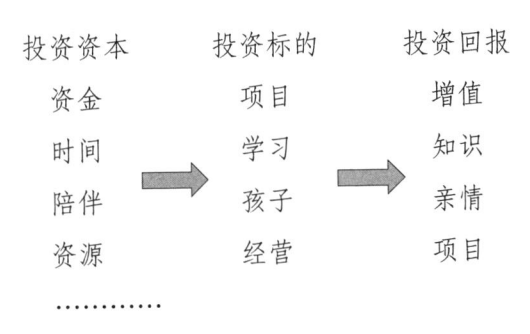

投资资本	投资标的	投资回报
资金	项目	增值
时间	学习	知识
陪伴	孩子	亲情
资源	经营	项目
……		

广义的投资行为模式

投资学习充电,取得的是知识的增长。

投资员工培养,取得的是企业效率的回报。

投资容错试错,取得的是可行与不可行的经验。

投资人际关系,取得的是轻捷办事的效果。

投资朋友资源,得到的是朋友的信任与友爱。

投资孩子培养,得到的是健康成长的回报。

…………

这就是广义的投资思维,你入脑入心了吗?

赚取合理的利润

念好生意经，利润要可取。

从做生意的角度来说，长久的生意是赚取合理的利润。这句话有两层含义：一是说在销售商品的时候，不应当赚取所谓的暴利；二是与经营合作伙伴的利润分配，应赚取你该得的利润。

所谓的赚取合理的利润，是一种价值观及表现出来的行事模式，是一种长期的经营与处事策略，主要有以下几个方面的表现：

1.赚取合理利润是一种经营理念

商有商道，行有行规，各行各业，都有各自的门道与理念。有些人做的生意是一次性的生意，是为人所不齿的"一锤子买卖"，比如以次充好，以假乱真，"巧取豪夺"暴利等。

有些人把生意当成一辈子的事业来做，赚取合理的利润，次品就是次品的价格，童叟无欺，规矩经营。

我们所推崇的是这种只赚取合理利润，可持续经营的商业理念。因为只有这样，你才能获得客户的长期信任，在你的商业圈中形成经营信誉，夯实合作之基。

虽然做"一锤子买卖"的人可能赚取了暴利，但我还是认为，坚持赚取合理利润这一理念的人，除了赚取合理利润之外，还赚到初心、品行、道义和自尊。

2.赚取合理利润是一种市场规律

老子曰："飘风不终朝，骤雨不终日。"

意思是说，再大的风也只会刮一天，再大的雨也不会下到第二天去。

自然规律就是这样，狂风暴雨不会长时间地持续，而微风细雨则可连绵数月。

商场风云也是如此。市场的价格，除了受市场的供求关系影响外，也围绕着商品价值大小而上下波动。客观的市场规律，决定商品的获利是在一个价值波动的区间内，是趋于一种合理的幅度。

在这里重申一下，我并不是说商品不能定高价，商品的价格往往是由市场的供求关系和商品价值的大小而定。赚取合理的利润，意思是价格应当是建立在可持续经营的基础上，并根据市场供求关系的情况进行策略性定价。

3. 赚取合理利润是一种合作基础

什么是合理回报？就是社会或客户、合作伙伴认为你的回报与你的付出基本相等，没有超出各方的预期及市场认定的回报率。

比如私募基金管理层的回报，一般是投资获利的 20%。如果你的管理费高于市场普遍认同的 20%，那就是高于预期，如果你在市场投资的成功概率与获利倍数等同于市场的平均水平，那就不合理。

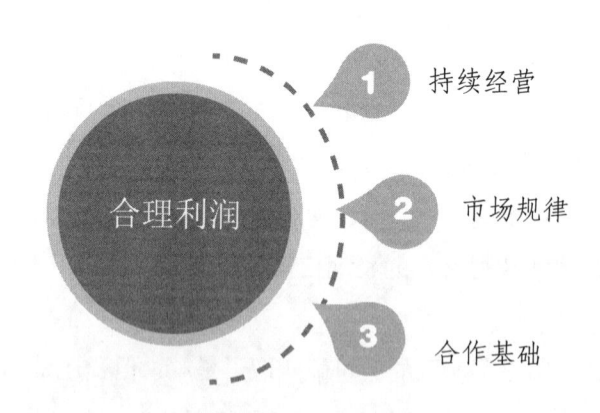

合理利润 — ① 持续经营 ② 市场规律 ③ 合作基础

合理性的市场价值

其实，人与人之间合作的基础，就是利益分配的合理化，而合理化是一个抽象的概念，是人们一种普遍的心理预期，即获得与付出都有一定的范畴，并成正比，应按你的投入与付出去获取相对应的回报。千万不要从管理职责上去"耍心眼"占便宜，或者在主导地位上去"割韭菜"。否则，你们的合作可能即将不欢而散，请记住"若要人不知，除非己莫为"的忠告。

赚取合理利润，是一种持久经营的商业理念，是一种客观实在的市场规律，也是一种建立互信合作的基础。如何取舍？权且仁者见仁，智者见智。

食大赔小思维在经营上的应用

食大赔小，亦称"赢大输小"，一般是指博彩庄家的一种手法，意思是赢大赌注，赔小本钱。换言之，赢大钱，输小钱。

简单的数学换算，大减小就是庄家的盈余。

场景一：假如你坐庄家，每次都是通吃，把所有人都给赢精光，赢到"没朋友"的那种。长此以往，你也很难再赢到别人的钱，因为没有人能在你这里尝到甜头，自然你也就别想占到别人的便宜，毕竟大家都是成年人，大家都不傻，他们今后将不会再来"光顾"。

这种方式，一般适用于企业销售和店面营生。在谈生意的过程中，对方给你的产品报价，有一两种是接近成本价，很明显这是引客的"诱饵"，先让你跨进这个门槛做成第一单生意，为的是今后的长久生意。往往第一单生意是不赚钱的，赚的是后续的利润。

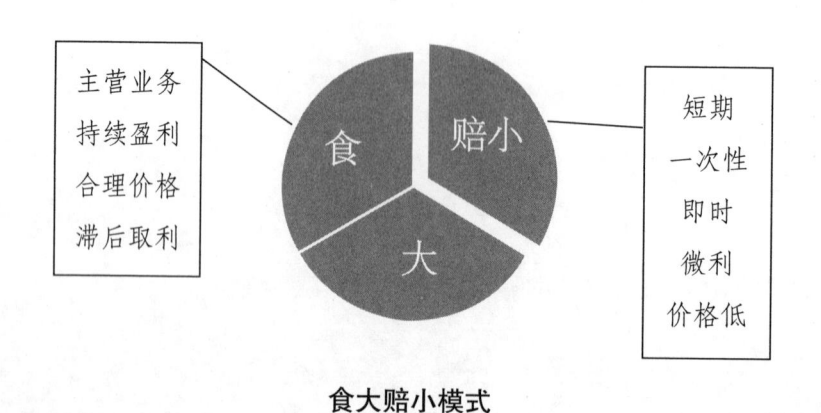

食大赔小模式

食：主营业务 持续盈利 合理价格 滞后取利

赔小：短期 一次性 即时 微利 价格低

场景二：你买我的商品，再半价甚至更低折扣搭售另外一件商品给你，抑或免费送给你。这种"买一送一"的引客方式是场景一的"升级版"。

食大赔小这种"玩法"，在很多市场经营中可以看到，不要怕客户占你的小便宜，打算占你便宜的客户才是想和你做交易的人。人世间，买的永远没有卖的精。买方占的这点小便宜，和卖方的大盈余相比，简直是毛毛雨、洒洒水，不值一提，权当"联络"感情，增加客户黏度系数。

切入新市场要敢于成本补贴

我们在开发新市场或研发新产品时，除非有独特的技术或创新特性，否则很难有效切入市场。这就需要企业主敢于做成本补贴。在做成本补贴上，最具代表性的就是美团与饿了么、滴滴与快的等相关"区块链"的比拼。

其中，美团与饿了么的比拼，是拿着别人的钱来"烧"，是一种投资者与投资者的比拼，或是一个垄断寡头与另一个垄断寡头的比拼。

而市场上 99% 的企业，都是拿着自己的钱在开发市场，在做市场推广，这种比拼的是企业资源，是竞争对手与竞争对手之间相对平等的比拼。

我们所说的成本补贴，是在市场合理竞争的范围内及企业资源范围内的一种补贴，属于企业经营策略，属于短时间内的一种市场行为。

在市场推广过程中，能否在与竞争对手同等资质条件下获得客户的优先信任，赢得先机，这是最重要的。如何达效？以下成本补贴方式不失为好的切入点和突破口。

（1）试用。免费提供材料样品试用，满意之后，再签合同。

（2）折价。用第一批产品切入客户成为供应商，按成本价或接近成本价的方式打入。

（3）承诺。给客户相关承诺，如产品有瑕疵，无理由退换等。

（4）免费。提供短期性的服务或一次性的供货。

这种切入方式，不管是中小企业还是国有大中型企业都有"应验"。如，国家为推动一个新行业的发展，会出台相关的政策调控。如光伏发电、新能源电动车等，前期采取了财政补贴的方式进行有效推动，待产业发展步入正轨后，就会退出相关政策，再由市场这只"有形之手"去掌控产业。

打个比方，如果是企业转型切入一个新的产业链，则应站在公司战略决策的高度，先拿出一定资源与资金作为前期投入，开发相关技术或产品。这时，我们就要"借鉴"国家出台政策助推产业有效切入的"大手笔"，要不计成本地推动公司新产品或新产业向前发展。

面对新客户、新产业，我们同样需要"大格局"。

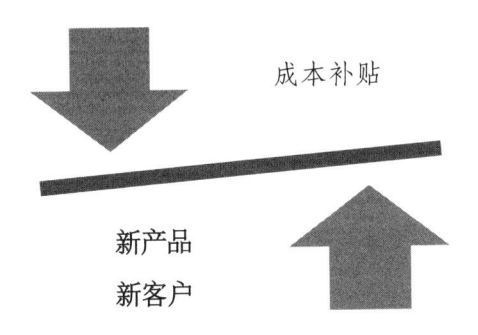

成本与新产品、新客户投入关系图

天下没有免费的午餐

俗话说，天上不会掉馅饼，馅饼下面是陷阱。

置身当下，有人说这是免费共享的时代，免费成为一种商业模式。我们接触最多的是 360 杀毒软件，让你免费使用，但它依旧"捆绑"着其他软件及广告跳窗。

其实，现在的市场应用中不仅仅是 360 杀毒软件，其他大部分的软件都是免费的。但我们很是怀疑，这些是否会触及网络隐私及个人隐私。有时候，早上同朋友聊到某些关键词并在网络平台上进行了搜索查询，如某某品牌的汽车，晚上我们在一些新媒体平台上就能看到该品牌汽车相应的广告推送。这种高度的"智能"，可不是"心有灵犀"那般简单。

说句实在话，我很怕免费的东西。看到超市或路边摊的免费试吃，一般不敢去碰，一旦试吃了，如果不买一点感觉很不好意思。还有一些免费的培训课，真的不敢去听，其背后更多的是商品推销或者卖价格更高的课程。

洛克菲勒在美国商业史上的地位无人能及，家族殷实的资产、丰富的资源"厚泽"六七代后人。"如果你想使一个人残废，只要给他一对拐杖，再等上几个月就能达到目的。换句话说，如果在一定时间内给一个人免费的午餐，他就会养成不劳而获的习惯。"洛克菲勒曾在信中告诫他的儿子，天下没有免费的午餐。

天下没有免费的午餐，其实就是告诫世人不要贪图小便宜，更不要抱有不劳而获的心理。于企业主来说，在经营过程当中，应该看大不要看小，不要想着占一时一刻的便宜，要谨记有付出才有回报，一步一个脚印，踏实向前。

免费，换言之等同于一种诱惑。我们在津津乐道地无偿享用各种资源的同时，或许那些背后的平台也正在分享我们个人的隐私与偏好，并以此达到他们的预期。

在这里，不禁对高利贷圈中的"你要人家的高息，人家要你的本金"这句话心生感慨。

免费 = 诱因

免费共享时代 = 没有隐私的时代

别犯短债长投的经营大忌

生意场上没有"常胜将军"。

很多企业，别看它今天还是正常经营，说不定明天可能就突然宣布资金紧缺、债务违约，崩盘了。

它们的崩盘或由很多原因引起，如从报表上看，小的企业有个把亿资产，大的企业动辄百亿千亿资产，但就因为一两个亿的到期债务还不了，引发"休克"。这类企业，归根到底是短债长投，或是市场周期产生变化，原来短债短投的产品变成了短债长投。

多年前的万达资金困局，其本质原因就是短期的借贷投到了酒店、商业综合及国外回报较长的资产项目上。市场在没有预期收入的状况下，往往会发生较严重的资金短缺，资金流一断就可能引发债务连环危机。为此，万达采取断臂止血模式，"甩卖"大量的酒店及商业综合体，换取回笼资金，以解整体正常运营的燃眉之急。

近期，大家听闻最多、感观最直接的就是"×大"的资金链出现了大问题，大面积的商票违约以及银行等多方债务追讨。房地产行业是重资产投资，按以往的速度，他们的效率应该是可以做到2年左右全部资金回笼。在有10%到20%净利润回报的产业上，2年收回本金及回报，这利润是惊人的。银行杠杆有多大，你的回报就有多高。几千亿的借贷，再加上应付工程款的杠杆，就算万把亿的投资，按10%的年回报率，理论上一年就有几百亿的利润，这种模式下想不做首富都难。

但随着"房住不炒"的持续深入，国家给房企制定了三条红线，从而改变房产的销售周期，周期一拉长，原来借贷期一两年的资金就变成了短债长投。债务到期，资金回期却被拉长，无法及时周转，导致债务违约，商票未按期支付，后续债务问题接踵而至。

通过以上两个例子，让大家了解短债长投在经营中的风险及演变过程。这种境况，在我们的日常以及周边的圈子里比比皆是。比如借银行的资金来兴建厂房、购买设备，很多生产企业往往在市场预期产生变化后，这一短债长投行为就变成了崩盘的直接导火索。

短债长投是经营大忌，但很多时候企业主又不得不用。短债长投应慎而用之，就算无奈要用，也必须把持短债长投在资产中的占比，以及计算好市场周期和回报周期，在能进能退的情况下，稳妥操作，并留有退路或补救措施，避免因市场突变而出现崩盘的窘境。

短债 ⟹ 长投 ⟹ 资金链断裂

短债长投风险警示

区域经营成本差异

投资或创业,除了必要的人、财、物之外,还要选好一个区域。这个区域能体现你投资创业资源优势、成本优势以及人力优势。

就拿移动互联网方向的创业来说,做一个行业的 APP,最好的区域选择就是北上广深杭等一、二线城市。如选择在三、四线城市,其成功概率与一、二线城市比则相对会低些。

区域定位三、四线城市,首先你要找到能开发 APP 的专业人才,其次要找到合适的运营人才,再者就是找到匹配的资本注入。互联网专业的技术人才和运营人才,在三、四线城市相对较少,资本更是稀缺至极。就算勉强能解决技术人才和运营人才的问题,但往往到了运营烧钱阶段却难有"金主",当地奇缺这种资本氛围、资本圈子。所以,互联网创业大多选在一、二线城市。

我们再看下电商产业,这个就要根据所售产品类型来选择合适的区域。其中,小商品首选是义乌,这里产品多、物流便宜;其次是广州,这里是全国少有的各种商品批发的集散地,包括鞋帽、餐具、文具、化妆品、茶叶等等。

如做电子产品,首选则是深圳,这里的信息流通快,产品迭代更新也快,换在其他地方经营,除非是独家代理或工厂自销,否则很难做得起来。

类举这两种商品,只是从不同的角度去分析区域优势与差异,能给投资者带来更多的资源,当然也并不能完全排除某些地方的独家优势及产业优势的概率。请大家记住,说的是相对概率的大小,而非绝对可能的有无。

生产制造类,每个省、每个区域均有各自的优势。如电子信息产业在珠三角，玩具产业在汕头澄海，重型设备产业在长沙，等等。你在哪里生产整件或是做某个产品的配套，均可就近取材，同周边的产品形成配套关联，构建产业链之环。

当然，工业生产企业的选择条件会更多，如在深圳，电子信息产业聚集有优势，但在人才成本、租金成本等方面却高于内陆地区。如现在国家制定的中部崛起战略，把江西南昌市及吉安市列为电子信息产业基地，在这里你可以有另一种选择，土地资源或厂房租金相对便宜，人工成本可降低20%，还有一些地方优惠支持政策。区域的成本差异，有时候也可以弥补另外一种资源差异。

评估区域的经营差异，我们可以结合以下几方面考虑：

（1）资源优势：该地方是否有你的潜在客户及原料，如货源供应、人力资源等。

（2）成本优势：可以从人力成本、场地租金、消费水平、物流成本进行评估。

（3）政策支持：对一些产业，地方政府有没有政策及财政资金支持。特指有技术或高新技术企业类。

（4）其他方面的评估：气候差异、社会人文、营商环境等。

谋定而后动。投资或创业，不可草率行事，除了找对人才之外，还要寻到适合投资兴业的"沃土"，兼顾区域成本优势和资源优势，以催生绚烂多彩的创业之花。

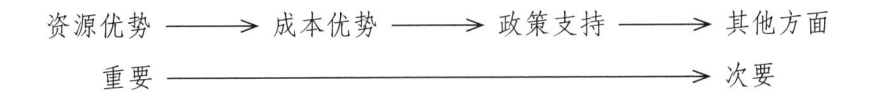

资源优势 ⟶ 成本优势 ⟶ 政策支持 ⟶ 其他方面
重要 ⟶ 次要

区域经营差异的评估

好产品，关键要卖得出

酒香也怕巷子深，品牌也怕无人问。

很多产品生产类企业的创业者，特别有些做工程技术出身的，对产品追求极致，从设计、原料、采购、生产流程到最后的包装出厂等系列工序，均亲力亲为，希望为市场提供有品质保障的好产品。但有时，市场并不买账，好品质的产品，也未必卖得出去。

讲真，这种"痛楚"我有切肤之感。当时，自以为我们的产品有专利加持，包装精美，功能显著，但由于缺乏销售渠道，营销不力，最后只能使项目不了了之。

在创业之前，广大"准创业者"必须把握以下几个关键点：

1. 渠道为先，产品为要

有些创业者，是带着一定的情怀来创业的，认为可以为社会在某方面的需求做出贡献，实现产品及个人的价值。坦白地说，这种情怀崇高但却一文不值。你要的，就是产品卖出去所换取的价值。

创业之初，企业主要先摸索渠道，没有渠道，就找有这方面资源的人来合作，千万不要把事情想得过于太简单。原因有二，其一你不会投入大量的资金去做广告；其二不会有人主动上门来购买产品，亲朋友情"赞助"除外。

2. 适销对路，市场之义

在众多的创业者当中，难免有些是搞技术出身的，骨子里具有工匠精神，追求的是精益求精。作为初创之企业，在保证一定品质下，应尽快出产品，尽快做试产，投放市场试销，周期拉得越长，经营成本也就越高。

再者，一般的生产经营企业是有产品链规划的，正常的是从入门级到高端一步一步升级，产品的精致、档次层级，可以通过产品升级来实现。做产品，一定要重视市场需求，并且有针对性地满足相关需求，不要一味追求全面和极致。

3. 质量过剩，成本浪费

广大创业者要明白一个道理，凡事皆有度，适可而止、恰到好处为宜，大有和大无皆为极端，不可取矣。

有些企业大胆地超越市场需求及客户追求，提倡所谓的品质超前，在我看来不见得是一种明智之举。有时候，质量过剩也是一种成本的浪费，对客户、对自己都一样。

所以，初创企业要客观看待自己的处境，找到合适的销售渠道，推出合适市场的产品。否则，其他的种种美好愿景都是浮云，只有经过市场的检阅，卖得动，销得了，才算是好产品。

摒弃不接地气的惯性思维，让好产品出自更多寻常企业"家"。

创业思维	VS	市场企望
产品	——	渠道
极致	——	合适
成熟	——	快速
专利	——	新颖

创业惯性思维与市场客观需求

如何建立企业经营信誉

信誉，意思是信用和名声。信誉构成了人之间、单位之间、商品交易之间的双方自觉自愿的反复交往，消费者甚至愿意付出更多的钱来延续这种关系。狭隘地理解，就人民银行来说，意为对个人征信的信誉；就企业对外的名声来说，就是经营的信誉。

经营的信誉，其概念是抽象的。但就日常经营行为而言，又是具体的。其主要体现在三方面：一是货款的账期；二是品质的保障；三是对客户的服务承诺。

经营的信誉，从宏观的角度来说，是公司的美誉度；而从微观的角度来说，则是企业的基本行为准则。

人无信不立，企业亦然。企业主赚取的利润是建立在合理及正常的经营往来基础上的，而不是通过以次充好或者恶意赖账的方式去攫取。

如何做到系统地建立公司信用的美誉度？我们可以从以下几方面努力。

1. 账期的守约

账期，我们在这里统称为应付资金，包括应付账款、应付工资、应付银行贷款等资金。

第一层面，就拿客户的欠款来说，其实大部分的供应商都能接受欠款，但是不能接受赖账。企业主可以通过平等协商的方式，让供应商给予一定的账期，只要商定相关的守信规则及应付周期，供应商原则上都能接受并遵守。

第二层面，应在企业内部建立守信模式，如按时足额发放员工工资，是企业经营最基本的信誉度。同时，还包括一些业务提成及相关承诺等，应严格兑现。

对外，应付账期的守约；对内，员工承诺的兑现。切实做好"内外兼修"，这样供应商对企业保有信任度，可以同你建立交易账期，利于周转；公司员工也会增加对工厂或企业经营的信心，增强职业归属感。

2.产品品质的如一性保障

"奸商"这个代名词是怎么来的？往往是第一批货是优质品，价格不高；第二批货在维持原价的基础上，品质却打了折扣，以次充好，透支了信用，损失了信誉。

如何取得客户的长期信任，就是按照客户的实际需求，始终如一地保障产品品质。客户不见得要最好的，但是一定要他所认可的价格与价值相匹配的产品。企业应该将这一经营理念贯穿到生产日常，以与客户约定的品质条件为标准，建立一种长期合作的信任度。这样，一旦客户有新项目或新产品需求，第一时间想到的肯定是"你"。

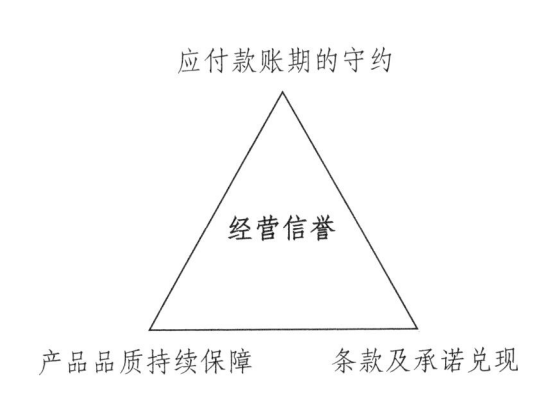

应付款账期的守约

经营信誉

产品品质持续保障　　条款及承诺兑现

经营信誉建立框架图

3. 向客户履约要把握细节标准

在与客户的合作中,约定的商品送达时间是否准时?承诺的保修,维护人员是否第一时间赶到?日常的品质监控,良品率能否按照合同约定的执行?

……………

客户满意,是企业矢志不渝的追求。客户的满意度,在某种程度上就是企业的信誉度,是一种无形资产,是一笔巨大的隐性财富。

细节决定成败。为此,在履约服务及合同时,应从细微之处入手,把握细节标准,强化精细管理,打通经营信誉度"最后一公里"。

经营信誉贯穿企业日常经营各环节,恒者将成就品牌美誉度,这会是企业在市场中的另一种竞争力,源自信任的加持。

企业家个人资产保护攻略

企业家个人资产的保护，聊这个话题不免有些伤感。因为身边不乏原来身家上亿的老板，所有的资产包括动产、不动产等都被银行拍卖，如今住着租房，靠朋友借贷、亲人接济过日子。

正常来说，公司资产与个人资产是分开的、独立的。公司的借贷行为是公司这一法人单位的独立行为，与个人不存在直接的关联。但往往银行及民间借贷公司，是要求企业主或法人代表做担保。而且银行与借贷公司对债务起诉，往往不是以公司资产清理为先，而是哪里有容易变卖的资产，先查封，后拍卖。这种操作方式，导致很多企业主的个人私产先于公司资产拍卖，并纳入征信黑名单。这种打击不可谓不大，无异于从天堂跌落到地狱，甚至有些人还因债务纠纷而锒铛入狱，实在可悲可叹。

企业家个人资产的有效保护，确切来说没有什么"速效救心丸"，我们只能从财务及财产关系的角度去梳理几种方式仅供参考。

1. 尽量避免个人为企业或他人做担保

有时候因企业经营需要担保，企业主不得不签字。但对于一些人情上的"求助"，企业主应该婉言谢绝。

2. 尽量避免本人同配偶一起联签担保

很多银行在签担保时要求配偶共同签字，也有些未做相应的要求。在这个问题上，企业主应该尽量避免与配偶共同签字。一旦遭遇变故，最起码能保存配偶的一半财产或配偶自己的婚前财产。

3. 尽量避免拿个人生活必需品去抵押贷款

我不赞成那些拿家庭在住房产等生活必需品去抵押贷款的创业行为。

因为，创业本是一种高风险行为，必须在保障家庭正常生活的前提下进行。

4. 做好资产配置留存好变现的资产

我见过一个富豪，买了一千万元的黄金存放在家中，同时家里也存放着几百万元的现金。他说这不是为了保值，更多的是为了保命。

一语道破天机。经营再好的企业，有时候也不一定能"长相厮守"；再气派的高楼大厦，有时候也未必属于你。保命和延续你生活的东西，可能就是身边的现金和能立即变现的现金等价物。

5. 一些家产物业可置于儿女名下

作为企业主，可能是多家公司的股东及负责人，对外或许做了一些担保。基于此，建议你的有些资产可以归于儿女名下。这是对自己，也是对儿女的一份保障。否则，一旦出事，可能连住的地方都没有，人生悲剧。

6. 通过股权设计持股多家公司

企业主在做到了相当规模的时候，可以适时"设置"一道防火墙，即用你投资的公司去投资下属公司，同时聘请职业经理人为法人代表，规范公司的经营管理。上一级公司的有限责任，有效地为你规避了个人的无限责任。

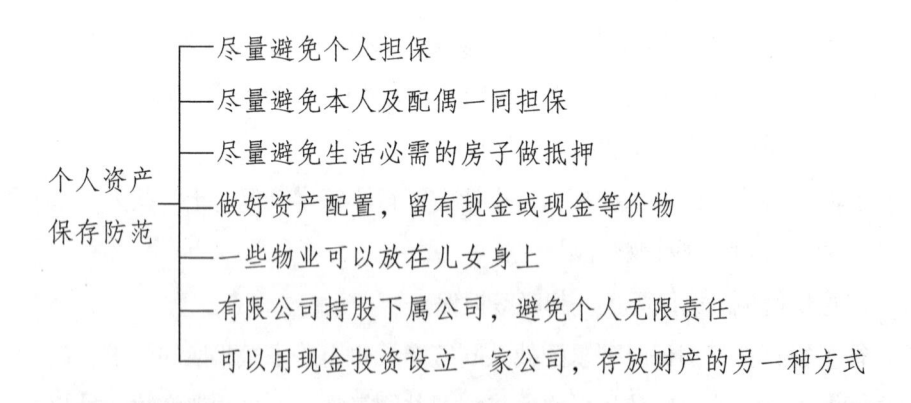

个人资产保存防范
- 尽量避免个人担保
- 尽量避免本人及配偶一同担保
- 尽量避免生活必需的房子做抵押
- 做好资产配置，留有现金或现金等价物
- 一些物业可以放在儿女身上
- 有限公司持股下属公司，避免个人无限责任
- 可以用现金投资设立一家公司，存放财产的另一种方式

7. 用现有资金投资新项目

用现有资金投资新项目，这也是资产保护的一种有效方式。但需注意的是，不要个人独资，要以合资的名义去投资另一家公司，你可以将上千万甚至过亿的资产放在那里，这相对比较安全。因为，公司是法人单位，具有一定的财产独立权，并具有一定的灵活性。切记！这只是灵活性而已。

创业者或企业主个人资产的有效保护，不是教你"偷奸耍滑"，而是让你能更从容地活着。

"两手抓,两手都要硬"在企业中的应用

"两手抓,两手都要硬。"

改革开放之初,中国共产党创造性地提出建设社会主义精神文明的战略任务,确定了"两手抓,两手都要硬"的战略方针。40多年来,亿万人民在中国共产党的坚强领导下,用勤劳与智慧创造了物质文明发展的世界奇迹,也收获了精神文明发展的丰硕成果。

置于企业发展,"两手抓,两手都要硬"的战略方针同样适用于企业的有效管理。

1. 产品数量—产品质量

在企业生产过程当中,生产部门坚持的是产量优先,而品质部门则坚持质量导向。这两方面既有对立性,又有统一性。为此,企业在促产量的同时,也要同步抓产品合格率,最大限度减少不良品。

只有产量,没有品质,会降低产品的利润率;有品质而没有产量,则会减少销售额。只有两者"双"提升,才能保障效益"大"跨步。

2. 产品销量—资金回笼

货卖出去了,这单生意只完成了一小部分,更为重要的是追踪资金回笼。企业在抓销量的同时,更要考核回款时间及回款比例。不能单方面地考核销量一个指标,避免存在大量的应收账款。

3. 开源—节流

开源,是开发新品或新客户,以增加公司的营收。节流,是有效地节约成本开支,以提高公司的利润空间。两者的方向相同,但路径各异,一种是增加公司收入渠道,一种是降低成本开支,两手抓,共推动,从而有

效提升利润。

4. 目标考核—计划实施

目标是经营的结果，计划是实现目标的过程。只说目标，不注重过程的实施，目标很难实现。如果空谈计划，却不去考核实施效果，那终将是一场徒劳。

5. 激励—处罚

企业的管理，应当有奖有罚，奖罚分明，有职员晋升，也就有职员淘汰。不能只是一味地奖赏和晋升，而没有相应的处罚和淘汰。企业的激励与处罚应是相辅相成，奖惩需到位，员工有进出，这才是常规的绩效机制。

对立与统一贯穿企业发展始终，在这里就不一一列举了，大家可在具体的实践当中把握运用，实现有效管控、科学管理。

产量 ------------ 品质

销量 ------------ 资金

开源 ------------ 节流

目标 ------------ 计划

激励 ------------ 处罚

"两手抓"的应用

练好"磨"字功

"磨",是来回打磨的磨,铁杵磨成针的磨。

"磨"字功,特征有二:一是有"来回"之意,去了来,来了又去;二是有目的地磨,把粗的磨成细的,把办不成的事"磨"到办得成。

玉不琢不成器,人不"磨"难成才。人不经过磨炼,难以成为有作为、有价值的人才。

这一"磨",可以成就人,也可以成就事。

人性之弱,有时候就是经不起他人的"软磨硬泡"。比如,有朋友找你借钱,早期已借过,但过段时间又来找你借,虽是三番五次地拒绝,但终究架不住对方的"磨",借一万不到,那就借五千,借五千没有,那两千也行,磨得你没脾气,最后只能服软。

站在自身的角度来看,确实不胜其烦,甚至有些恼火。但站在对方的角度想想,他起码实现了基本目标,借到了钱。这是生活琐事的磨。

放在公司业务发展上,这"磨功"也同样重要。我曾遇过一个药品推销员,为了把药推销到一个诊所里,来来回回到诊所不下十趟。他每次到诊所里也没多少话,只是跟诊所医生打打招呼,简单聊几句。一来二去,诊所的医生觉得小伙子挺有心,不购进点药品都感觉过意不去。

这是跑业务的小诀窍。"磨"到人家觉得你如此用心做事,如果不满足你的需求,都感觉对不住你,发自内心地想帮帮你。

在去找相关部门办事的时候,这一窍门也很奏效。在我公司有一位女同事,别人办不了的事,找她去办,八成没问题,而她的窍门也是"磨"字功。比如,有些事项介于可批与不可批之间,多向经办人员诉诉苦、求求情,或许就会收获"柳暗花明又一村"的惊喜。

当然,这"磨"字功,并不等同于纠缠,更多的是一种心理战术,抑或"攻心术",即在磨的过程中,让人家了解你的需求,理解你的难处,体会你的用心,并拿出"帮"你的行动。

同样,这"磨"也不是甘于自降身价,毫无尊严和底线的哀求,而是一种策略性的表达,通过各种技巧,完成目标任务。

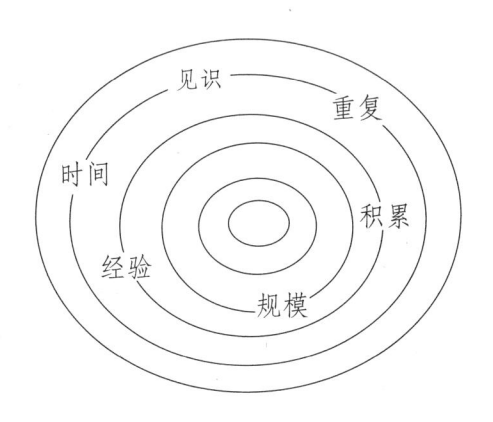

成才秘诀:"磨"字功

企业日常管控方式：开源与节流

我们在企业的生产经营当中，经常会提到开源节流，什么是开源？什么是节流？简言之，开源就是增加销售渠道，拓展更多的优质客户；节流就是节约各项成本支出。

但对企业或是门店来说，是开源重要还是节流重要？你可能会说两者都很重要，这是增加收入和减少成本的方式，是正确的"打开"模式。但是，我不这样认为。因为要根据企业所处的不同阶段，推行的不同管理理念，来适时地看待开源与节流的对应关系。

下面，我们就结合具体的情况来说说。

第一种情况：企业处于初创阶段或出现经营困难

企业在求生存的时候，我认为应当开源与节流并重，只有让企业存活下来，远离死亡线的挣扎，才可以对外扩大业务，寻找新的客户；对内压缩各项成本支出，收减各经营环节，不要去做无谓的投资。

第二种情况：企业处于发展上升阶段

企业在有一定的销售收入保障，有一定的产能或资金可以拓展的情况下，应该是开源优先，节流次之。

所谓的开源优先，因为可以通过销售收入的增加，产能的拓展，从而降低固定成本的分摊，大幅度地提高利润。节流放在其次，是有选择性地节流，而不是采取全面的节流措施，有时过于严格的成本控制，反而会"伤害"企业产品的品质和员工的积极性。

第三种情况：企业处于稳健并趋于饱和的发展阶段

在这种情况下，我们认为应该是节流优先，开源次之。因为在无法增加生产及销售收入的前提下,为了保持一定的利润或利润增长,只能采取节流的模式。企业可以寻找新的技术代替旧工艺,自动化代替人工,控制日常的经营开支,但坚决不能克扣员工工资。

开源与节流,是企业日常经营的管控行为,是先开源后节流,还是先节流后开源,抑或开源节流齐头并进,自当根据企业所处的不同发展阶段而定,切莫盲从。

开源与节流优先示意表

方式	初创阶段	发展阶段	稳健阶段
开源	√	√	
节流	√		√

```
开源 ——————— 节流
客户开发         降低能源消耗
增加产品线       降低员工成本
提升产品附加值   提升产品良品率
增加资金流       减少项目投资
```

开源节流主要内容

目标与投入的匹配

在企业的日常经营中，大家往往会注重结果导向而忽视过程管理。有些老板或是企业主下达目标任务的时候，有点像喊口号一样，我们今年要完成什么样的目标，要做到多少个亿的规模。但是有怎样的目标就要有怎样的投入，也需要有与之相应的计划及管控。

目标与投入是相互依存的。比如，我们在确定生产目标的时候，就应该在业务开发上采取相对应的策略，在规模扩产上做好相应的规划，在人员、设备的增加上做好统筹协调。所有的投入预算安排都要与目标相匹配，以协同推进。

假如去年销售1亿元，今年销售目标增至2亿元，那我们该统筹考虑哪些环节呢？

（1）需要投入哪些推广；

（2）需要开拓多少新客户；

（3）需要引进哪些设备；

（4）需筹备多少资金；

（5）需增加多少人力；

……

总而言之，企业主要有相应的投入，才能有相应的产出，才能实现既定目标。

目标与投入的匹配，是有管理方法可循的，可以依照以下"策略"进行有效跟进，即目标—投入策略（策略—计划—资金）。

举个例子，公司现有营业规模为5000万元，今年准备达到7000万元，增加 2000 万元的预定目标。那么，企业主可根据目标制定相应的策略、计划，并计算好资金投入。

目标	策略	计划	资金
增长 2000 万元	①开发新部门 ②增加设备 ③加大广告投入 ④人员增加	①1月份增加业务员3名 ②1—3月开发增加2个客户 ③3月份增加×台设备 ④1—6月在××媒体投入广告	人员20万元 广告费100万元 公关费20万元 设备投入500万元 其他100万元
			共740万元

一个切实可行的目标，要有投入的支撑，避开投入而谈目标，我认为是空谈，只是纸上谈兵罢了。

目标与投入是紧密相连、环环相扣的。

目标与投入策略

目标	投入策略		
	策略	计划	资金
确定的目标 （具体数量）	相应需增加什么样的投入	何时、何地、谁负责完成	每一项需要投入多少资金

如何与银行及相关主管部门打交道

企业在发展过程中，除了客户、供应商之外，打交道最多的应该是银行及相关主管部门。

没钱找银行，有困难找主管部门。这似乎已经成为一条不成文的"行规"。其实，大家心里也很明白，找银行不见得能贷到款，找主管部门也未必就能解决相关问题。但是，不找又不行，毕竟他们"掌控"着企业发展需要的"血液"——外部资金流，这是企业的"血脉"，不可断，必须保。

为此，在与他们打交道的过程中，要熟悉他们的办事路径，才能获得银行的贷款和主管部门的支持。

1. 银行是做锦上添花的事

银行会不会给你放贷款，一是考核股东的信用是否良好，是否存在违约或债务纠纷等情况，如果存在不良征信记录，建议你换个股东再去做融资贷款。

二是考核企业的经营状况是否良好。如企业是否有常规的订单、资金往来，以及资产负债比等。如果企业的负债接近资产，那么获批贷款会比较难。

在这里和大家分享一下"经验"：企业最容易获批银行贷款的时间，是企业不缺钱，或不用借钱的阶段。这个时间段，如果有计划下一步投资或资金周转需要的，可向银行申请授信，成功概率会大大增加。

请千万记住，最好别在企业订单不继、经营困难、真正缺钱的时候去找银行授信，这样往往会吃"闭门羹"。

银行不是慈善机构，扶危济困不是他们的职责，锦上添花才是他们的要义。

2. 相关部门是做"扶上马""送一程"的事

政府的相关部门，属于行政单位范畴，对企业的扶持和帮助是有相关规定和门槛的。相对而言，合法合规、上规模的企业更容易获得他们的支持。

首先，企业必须合法合规经营，这是根本和前提。

其次，要为当地的就业、税收贡献企业的价值。坦白地说，如果你的企业一分钱税收没缴，却跑去找当地相关部门寻求帮助，我相信这种"需求"很难得到满足。

再者，如企业在申请项目支持时，就连项目基本的申请条件都达不到，作为主管部门是不可能给予项目资金支持的。

企业只有符合相关要求、满足相关条件，基于这样的前提下才有获得支持的可能。好比，企业已是一条大船，并已进入航道，相关部门就会把你"扶上马"，并"送君一程"，助推企业高质量发展。

聚阳才能生焰，拢指才能成拳。银行机构及主管部门，是企业发展不可或缺的"助推器"。企业要想做强做大，就应乘历史大势而上，走人间正道致远。唯此，必将继续成功，必定能够成功。

商业银行 = 锦上添花　　经营状态越好的企业，
　　　　　　　　　　　越不缺钱的企业，
　　　　　　　　　　　更容易获得商业银行的支持。

银行合作偏好

主管部门 = 顺水推舟　　合法合规的企业，
　　　　　　　　　　　上规模的企业，
　　　　　　　　　　　更容易获得当地相关部门的支持。

主管部门扶持

天生我材当尽用，千金散尽难复来

诗仙李白的《将进酒》流传千古，其中脍炙人口的佳句"天生我材必有用，千金散尽还复来"，意为上天造就了我的才（"材"通"才"）干就必然是有用处的，千两黄金花完了也能够再次获得，流露出怀才不遇和渴望用世的积极思想感情。

年轻的时候，或在40岁之前，你"狂飙"这句话，有人可能会说你有魄力、有气度。

这话如果从40岁后的你口中说出，相信很多人会瞪你一眼，甚至"讥讽"两语。

于企业员工而言，40到45岁这个年龄段往往是人生的一道坎，一般营销人员都不会超过40岁，到45岁基本上就要转岗。

年轻化、创新型，是很多企业追求的管理方向。大到华为、腾讯、阿里巴巴，小到天猫网店经营者、运营负责人等，招聘对象一般框定为90后或00后。

所以，天生我材必有用，有着鲜明的时代局限性；千金散尽还复来，极具不可复制的个体差异。

芸芸众生，作为普罗大众中的一员，或许有时候你要拼尽全力，才能换得一口饭吃，更别提千金散尽还复来。纵观古今，能东山再起者，鲜有之；能做到千金复来者，亦寥寥无几。

人生中的"才"与"财"，放在企业这个层面来说，"才"就是企业的技术力量或品质功能，"财"就是企业的资产规模及现金流量。

企业的技术力量或品质功能，是有时代背景及使用期限的。我们以摩托罗拉和诺基亚两个手机品牌为例，20世纪90年代，这两家企业的理念、技术、产品都堪称一流，在行业内可谓"独孤求败"，难有企及的顶尖企业。

2000年左右，随着苹果智能手机的出现，手机的功能概念被彻底颠覆，时代的需求被重新改写。

摩托罗拉和诺基亚这两家手机品牌企业的产品被"新生代"狠狠地拍在了沙滩上，惨遭市场抛弃。所有的技术及产品功能从诞生到消亡，大约只有短短的十年"寿命"。

为此，企业的"才"也是有时代背景局限性的，未必如诗仙口中的那般无羁绊。

而企业的另一"财"，指的是企业的资产规模及现金流量。其同样需要长期的积累才能"聚"成财富，而且一散尽也将很难复来。

这种真实的例子在我们的现实生活中不胜枚举。如恒大集团的资金窘境，华夏幸福、宝能集团的资金困局，都是在遭遇市场变化或是政策调整时，因为企业资金面撒得过宽，资金量砸得过猛，大部分投资难以迅速变现，导致千金散尽很难复来的"尴尬"境地。

个人也好，企业也罢，再高的才华，再好的品质，都是有时代背景、时空维度限制的，放在特定的时代背景和时空维度中，天生我材未必有用，而钱财散尽之后也不见得能回得来。

为此，消费需量力，投资需谨慎，才当尽其用，财则需盈余，不可任逍遥。重申一句话：天生我才当尽用，千金散尽难复来。

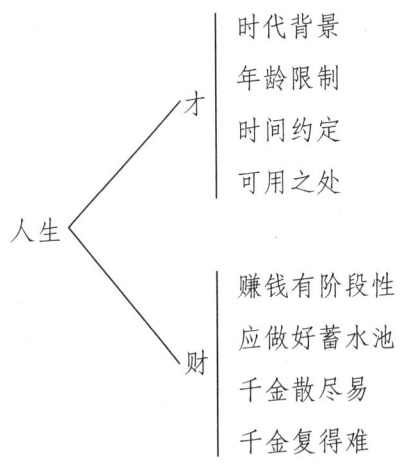

```
         ┌─ 时代背景
         ├─ 年龄限制
      才 ┤
         ├─ 时间约定
         └─ 可用之处
人生 ─┤
         ┌─ 赚钱有阶段性
         ├─ 应做好蓄水池
      财 ┤
         ├─ 千金散尽易
         └─ 千金复得难
```

人生之才与财的极限性

简单的信息化管理能提升决策效率

经营好一家企业，对外要不断地开发业务，持续地服务好客户；对内要完善内部管理体系，实现效率最大化。

实际上，企业对内的管理越精细，成本就会越上升。现在的规上企业，一般都会运用 ERP 管理系统进行常态长效管控，其费用多则数百万元，少则大几万元。光这项费用，对于小微企业来说就是一笔"大投入"，更别提与之对应的人力成本。

所以，中小微企业的管理更得讲究策略，更要学会"精打细算"，可根据不同的板块类别需求使用不同的管理系统。如会计板块，可使用一些相对简易的会计系统，这些系统的收费一年才几百元。虽说收费相对便宜，这些系统却大大方便了公司会计人员的记账和统计，同时对于数据的调用也十分便捷。

对办公系统的自动化（OA），企业可以采用如钉钉、企业微信、飞信等办公平台。这些平台的功能基本上能涵盖企业费用支出、采购对接、公章使用等相关审批流程，大大提升决策效率。

此外，简单的 OA 系统，不单是提升了企业的决策效率，同时也将决策信息透明化。事务的审批进展，可以及时抄送给相关人员，流程清晰、信息透明，这在某种程度上更能增加合作伙伴及团队成员之间的信任度，像石榴籽那样紧紧抱在一起，增强企业的凝聚力和向心力。

企业的信息化，可以从最简单的地方做起，不管身处哪个年代，一定要坚持与时俱进，学会接受新理念、采用新技能、增强新本领，才能切实强化管理能力，有效提升决策效率。

不借高利贷也不放高利贷

大家看到这样的章节标题后,可能不禁想问"怎么想起聊这个话题呢"?

这个属于有感而发。因为在我的身边,有过太多这样的见闻。

曾经见过有人借月息5%的高利贷,不到一年的时间,本息加起来翻了一倍,家里的房子就这样被人拿去抵债。

也见过朋友向小贷公司借了千余万元,在还了千把万元利息之后,依旧被对方起诉,并蹲了一年多的牢狱才被释放出来。

…………

这样的真实例子还有太多,太多。在借钱的时候,大部分人都充满自信,心想只要迈过了这道坎,就能迎来胜利的曙光,甚至步入康庄大道。但往往事与愿违,过了一关之后还有一关,后续无穷尽。

先说为什么不要去放高利贷。这里所说的高利贷,并非支持朋友创业发展,收取受法律保护利息的那种,而是指将其作为一种牟取暴利的投资模式。

如是这般,普遍只有两种结果:一是血本无归,人家需要通过高利息向你借款,其处境之困难程度绝非一般,收回本金的概率理论上是50%,但实际上更低。二是无情义可讲,"钱聚人散",大概率没朋友。人生在世几十年,切不可因为谋求钱财,而沦为无情无义无朋无友的"孤家寡人"。

再来说说为什么不要去借高利贷。因为市场经营的透明度,决定了一般的企业无法获得超高利润的回报。

充分、激烈的市场竞争环境,供大于求的整体供求关系,加上快速而透明的信息贡献，社会大环境决定了企业不能靠高利贷的资金来做杠杆，以撬动超高的利润回报。故创业者和投资者对此应当慎之而戒之。

　　对于一些短时间内拆借高利贷的，也要尽量谨慎行事。在资本市场运作上，往往最常见的是借现金还银行贷款，就是我们俗称的"过桥"。在这里和大家分享一个真实的案例：当事人借月息 5% 的高利贷，借了 500 万元本金去还银行贷款，最后银行没续贷。最终的结果是，用 1000 万元的物业去偿还 500 万元的借贷。经历何其惨痛，教训何其深刻。

　　奉劝一句，逐梦新时代，远离高利贷。

以终为始建立知识产权框架

何为"以终为始"?

以终为始是一种思维方式,而且是一种反向思维方式。就是从最终的结果出发,反向分析过程或原因,寻找关键因素或对策,采取相应策略,从而达成结果或解决问题。

在一些学术交流会、业内研讨会及峰会论坛上,经常能听到一些专家和学者呼吁大家要以终为始。对于以终为始,我们大多停留在概念层面,却不得其实操要义。

在此,想就"企业建立知识产权框架"这一话题,和大家来聊一聊我对"以终为始"的理解和体会。

企业的资产分类中,除了流动资产、固定资产之外,还有一种无形资产,它主要包含了以下几方面:

(1)专利权、专有技术。

(2)品牌、商标、字号。

(3)著作权、版权。

(4)特许经营权、土地使用权、租赁权、探矿权、酒窖窖池、海域使用权等。

(5)其他方面:管理团队、客户群等。

从无形资产的类别可以看出,大部分企业的知识产权主要包括商标、专利、著作权、版权等等。

其实,很多创业者往往是因为自己有某项专利或开发了某个软件,而跨入相关行业进行投资,开始了人生创业的起始点。"始"与"终"时空维度的先后，就建立知识产权框架来说，我认为这是企业主以终为始的有力实践。因为企业只有建立起了知识产权框架，未来才能形成独一无二的标识。这将是企业发展的护城河，是区别于竞争对手的内在特征，也是独具特色的核心竞争力。

那么，如何做到以终为始地建立知识产权框架，大致可从以下几个方面着手布局。

1. 建立品牌雏形

品牌可以是公司的字号和商标，自公司创立伊始，公司就应该从字号及商标入手，在该行业类别中进行有效注册。在推出产品之前，就必须精准把握公司名称是否与行业定位相吻合，与产品相对应的标识是否能在商标局成功注册，如果成功注册的概率较低，是否可以通过商标转让的方式获取。

简言之，注册商标不一定成为品牌，但品牌一定是成功注册的商标。

2. 专利与著作权

企业开发的产品是否有特定的技术含量，能否注册成发明专利或实用新型专利，抑或产品根据外观设计能否注册版权，确保不会被仿制。

有些自主开发的APP，应当申请软件著作权，从而固化劳动成果。

…………

为此，专利、版权、著作权，是企业建立知识产权框架的重要抓手，责任重大，使命光荣。

3. 保密公司内部资料信息

公司的内部及技术秘密，除了申请专利保护之外，尚有未公开的，比如公司产品的配方、客户的联络渠道、公司的经营策略、产品的成本架构等等，均属于公司知识产权及应保密信息的范畴。对于能接触到此类信息的员工或客户等人群，企业可通过签订保密协议来保障信息的安全性。

以上基本涵盖了公司知识产权架构的要义。知识产权架构的建立，无异于为企业的发展设置了安全"防火墙"，建造了防御"护城河"，为企业的做强做大及无形资产增值，打下坚实之基。

漫漫征途，唯有奋斗。朝着心中已有答案的目标不断努力、不断追求的过程，即是以终为始。

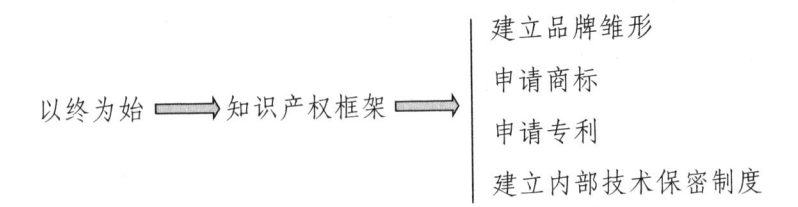

以终为始 ⟹ 知识产权框架 ⟹ 建立品牌雏形
　　　　　　　　　　　　　　申请商标
　　　　　　　　　　　　　　申请专利
　　　　　　　　　　　　　　建立内部技术保密制度

企业知识产权保护

第三部分

财务认知与视角

第五章

管理者的财务认知

> **●本章导读**
>
> 经营，含有筹划、组织、治理、管理等含义。作为一名经营者或管理者，可以不是财务专业人士，但必须对财务知识有一定的认知。
>
> 看懂资产负债表、损益表、现金流量表是管理人员的基本常识与技能。但站在管理者的角度来说，这些还远远不够，还需对财务的一些概念及应用要有更深入的认知，如重资产与轻资产、资金流的管控、企业不同阶段的财务需求等等。
>
> 只有通盘了解，管理者才能因时制宜，对经营做出正确的决策及预见。

重资产与轻资产的区别

戏剧大师莎士比亚曾说过："一千个读者眼中，就有一千个哈姆雷特。"

在你的身边，是不是经常会听到他人发出这般言论：如果现在搞投资，一定要轻资产运营，千万别投重资产，那样压力太大。

一般的财务人员或培训师会认为，重资产是有形资产投入，轻资产是无形资产。

而我所理解的概念可能跟他们不一样，我认为重资产与轻资产是相对的。这两者是设有相对条件为前提的，就拿某个项目的投资与其他行业公司来比较：一是不同公司通过固定资产的投入比例，来体现重资产与轻资产的差别；二是对于一个公司来说，固定资产占比多则是重资产投入，流动资产占比多，则是轻资产。

无形资产主要是发明专利、商标注册、知识产权等方面的投入，这是技术型企业或规上企业才有的"范儿"。

下面举两个例子，供大家对比理解。

例一：甲公司准备600万元投一个注塑企业，拟采购30台注塑机约600万元。采用分期付款，首付200万元。同时，还需2000平方米的厂房做生产车间，先预付一年租金45万元，装修30万元，水电安装30万元；第一期固定投入300万元，留有流动资金300万元。如果是自建或购入厂房，仅房产投入就需600万元的资金。

例二：乙公司准备开一家海鲜餐厅，需500平方米，月租金4万元，3个月一付，购置桌椅20套4万元，厨房设施1套10万元，依托酒店原有装修，计划斥资10万元"升级"装修。整体预算投入50万元，第一期固定投入约 40 万元，留有 10 万元作为流动资金。

依据以上两个例子所示，大家可以看到，甲公司相对于乙公司来说，属于重资产投入，因为其投入大部分在设备、装修上，光启动运营就需 300 万元投入。

而乙公司，场地都是租来的，只需 40 万元第一期的固定资产投入就能开张运营。相对于甲公司来说，乙公司属于轻资产运营。这种重资产与轻资产的界定，是以不同公司的固定资产投入为参考依据。

然而，在实际的公司运营当中，重资产公司也有轻资产的运营，轻资产公司也会有重资产的运营操作。

我们不妨拿甲公司进行简要分析，如果该公司选择自行购买厂房或选择租用厂房，那么就是两种截然不同的运营方式。采用购买厂房模式，那是重资产中的重资产；采用租厂房模式，那是重资产中的轻资产；如果连设备都是租来的，那更属于重资产中的轻资产模式。

而轻资产公司在资产投入中，也有重资产运营的模式。如果海鲜餐厅 500 平方米的场地是购买所得，装修又是从"零"开始，那么就属于同行业中的重资产投资。

重资产投资与轻资产投资该如何抉择呢？

我认为，在资金有限的条件下，建议做轻资产投资。大家在决定重资产投资的时候，务必考虑所做的"产品"是否具有"长效"价值。

行业与行业之间，固定资产投资多的为重资产投资。

相同行业内的公司与公司之间，固定资产投资多的为重资产投资，少的则为轻资产投资。

相对于单一的某个公司来说，固定资产投资占比多的，为重资产投资；流动资产投资占比多的，则为轻资产投资。

固定资产投资 VS 流动资产投资：

固定资产 > 流动资产——重资产投资；

固定资产 < 流动资产——轻资产投资。

企业的投资，是重资产投资还是轻资产投资，要讲究策略，必须量力而行。从行业与行业中去看待，有多少钱办多少事，也就是选准适合自己的投资行业。在进入一个行业之后，是重资产投资还是轻资产投资，这是经营策略的选择，当从资金存量与资产价值等方面去考量。

不论是重资产投资还是轻资产投资，其本身没有对错。如果非要对其加以界定，那么只能说是当事人抉择的对与错。

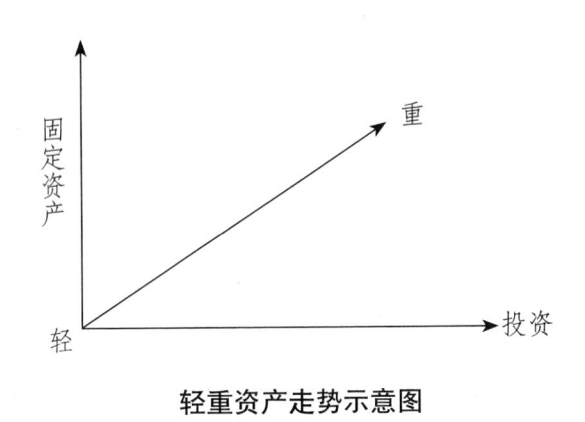

轻重资产走势示意图

何为企业的财富自由

世人皆感叹：我若能实现财富自由就好啦。这种自由，是每个人都向往和期待的理想生活。

老子言："知足者富"，所谓的财富自由，要有欲望束缚的思想自觉。当然，我们广义地理解所谓的财富自由是相对的，一般是你存有的现金大于你的生活需求欲望，这相对而言就实现了财富自由。

于企业而言，也是相对的财富自由。在相对的环境下，我们需明确满足哪些才能形成财富自由，以及要怎么做才有可能实现财富自由。

1. 企业财富自由的表现，就是现金存有量的表现

（1）企业银行账上有没有3个月以上的支出、开销；

（2）你当月的回笼资金能否支付银行还贷；

（3）你是否能确保有半年以上开支的借款可供随时调用。

简单一句话，你的企业账上有足够的存款，可满足企业在一定时期内的支出及必要的投资。这就说明，你的企业具备一定的财富自由。

2. 九成企业难以做到上述情况，我们只能尽量地往上靠

（1）银行账上要有一定的现金存量，尽量能确保3个月的人员开销及1个月的采购资金。

（2）计划好资金的支出，多准备20%左右资金作为预算资金。

（3）监控好应付账款和应收账款周期，尽量做到应收应付周期平衡，实现无缝对接。

（4）坚持量入为出的管理原则，控制投资欲望，建立健全投资管理体制机制，在确保资金量和银行授信充足的前提下，再操盘新项目投资事宜。

如果能做到上述几点，相信你的企业定能更长久地保持相对的财富自由，从而走得更远。

$$\boxed{\text{企业账上的资金及预期收款}} \geq \boxed{\text{周期内的各项支出}}$$

企业财务的相对自由

企业主财务理念的"自我修养"

绝大部分的企业主,都不是财务科班出身,他们很多是从基层销售做起,在有了渠道和资金的积累下,才踏上创业之路。他们所秉持的财务理念,皆以结果为导向。

处于创业初期的公司,上述简单的财务常识勉强可以应对。说白点,成本与售价简单一算,就能得出这个月的利润。

可当公司规模达百人以上,产品或原料有几十种到几百种不等,特别是生产企业,在这里,我想提醒大家的是,如果没有系统的财务思维,企业会有一定的财务风险。

基于此,此时的你要做好两件事:一是请专业的财务经理来系统地管理公司的财务部门;二是要提升自我,学习掌握一些常规的财务知识。

以下这些财务概念,作为企业主的你必须要了解掌握:

1. 固定成本与变动成本

所有的产品或销售成本都是由固定成本与变动成本构成。通过对固定成本与变动成本的了解,你会发现在一定的范围内增加产量和销量,只需增加少部分成本,利润就会大幅增加。因为在一定产量内固定成本是固定的,变动成本是增加产量时需增加的,其与利润成正比。

2. 有形资产与无形资产

有形资产是可见的,比如应收款、现金、设备、厂房等;而无形资产是隐性的,包括商标、专利、商誉价值等。

无形资产的价值,是在某种程度上能形成企业的竞争壁垒,如商标权的使用,形成独家商品标识;专利技术的登记,能形成产品技术或外观保护。

3. 流动资产与固定资产

流动资产包括现金、存货、原材料、应收款等；固定资产如厂房、设备等等。

掌握流动资产与固定资产的概念，在于辨识企业的资产配置，控制好流动资产与固定资产的配比。

4. 净资产与总资产

总资产是负债加上净资产。其中，净资产是投入＋公司的利润余额；资产回报率是净利润／资产；净资产回报率是净利润／净资产。

理解净资产与总资产，要知晓有多少资金是自己的，有多少资金是应还账款。确切地说，是要了解企业资产回报率及净资产回报率，并与同行做横向对比，即可测算企业是否有发展升级的空间。

5. 毛利润与净利润

毛利润就是销售收入减去成本之后的利润值。净利润就是毛利润减去应缴纳所得税后的纯利润。往往很多企业主认为毛利润就是净利润，忽视企业所得税及个人所得税。

6. 盈亏平衡点

盈亏平衡点（Break Even Point，BET），又称零利润点、保本点等。盈亏平衡点可以用销售量来表示，也可以用销售额来表示。

按实物单位数量计算：盈亏平衡点＝固定成本／(单位产品销售收入－单位产品变动成本)

按销售金额计算：盈亏平衡点＝固定成本／（1－变动成本／销售收入）＝固定成本／贡献毛利

作为企业主，涵盖经营的方方面面知识都需有所涉猎。其中，财务知识为"关键少数"，虽说枯燥，但却关系到公司的资金命脉，自然不可不识，不可不察。

全面认识资金调度

一个企业的倒闭，往往不是业务或产品出了问题，很多时候是资金链的断裂。

一个好的财务人员，在做好账务核算的同时，还要做好企业的资金调度，确保公司的资金流稳定、平衡流转成常态。唯有此，才能称得上财务有效管理，才能为公司经营的科学决策提供坚强的财务保障。

资金调度原本是商业银行用语，也叫头寸调度，它是基层商业银行根据自身头寸松紧而进行资金上缴下拨、调出调入的操作方式。

实际上，企业在经营当中，或多或少都会涉及资金调度，这是现金流量的一个宏观管控，借用各种资源引入资金，从不同业务层面控制资金的流向及时间节点，保证企业经营正常运转。

1. 资金调度的目的

有效调节资金的流动性，保持企业的正常运转，避免资金链断裂或影响正常的生产秩序。

2. 资金调度的技巧

（1）前瞻性规划，做好资金流入流出的预判与准备，把握好时间节点。比如应收应付账款的期限、银行贷款的到期日、产品淡季与旺季的销量与库存、短债与长投的控制。做好资金的规划与预判，是资金调度的第一步。

（2）保持130%的资金留存。企业在经营当中，特别是生产加工型企业，很多资金投入是无法预期的。它涉及多层投入，第一层为生产设施投入，第二层为生产材料投入，第三层为人员工资投入，第四层为积压存货投入，第五层为客户压货投入，等等。往往100万元的预算投入，实际会超出一倍常规性资金流，最好比计划存量多出 30% 的留存。

（3）多渠道、多方式筹措资金。日常经营，应寻找或保持多渠道资金入口，比如银行借贷，可同两至三家银行合作，给予相应的授信额度。但不能用尽，必须留存一定比例作为应急之用。

（4）全方位管理，随时掌控资金流。调控资金流向，可从不同层面、不同方向进行处理。例如，在资金趋紧的情况下，可采取减少库存、延长应付账款周期、加速货款回收、减少固定资产投资等方式，来维持企业的正常运转。

（5）熟悉流程环节，保持良好的企业和个人信用。资金的调控，需要相关人员熟悉企业经营的各流程环节、银行借贷的各种渠道、往期日常支出的周期规律，确保企业和个人的良好信用。信用在信贷中极为重要，大家务必高度重视。

总而言之，良性的资金调度，一方面是保障企业正常运转的资金需求，另一方面是为企业发展升级畅通资金和融资渠道。

企业发展的不同阶段需不同层次的财务人员

企业只有解决了基本生存的困扰，才能考虑做大做强的问题。

对大部分中小微企业来说，一般会经历三个发展阶段：一是初创期的粗犷式管理，二是发展期的迭变管理，三是稳健期的精细管理。

有些企业，其规模从百余员工、年销售额千万元发展到千余员工、年销售额过亿元，却一直沿用原来的财务人员，出现企业发展实现升级，但财务水平从未"升级"的境况。当然，财务人员入职时具备高水准者，则另当别论。

这般境况所映衬的另外一个场景，就是企业主没有意识到公司发展壮大到一定阶段，对于财务的水平需求也应提升到相应层级，即需提升到财务管理，以及有效成本管控及资本运作层面，这就需要选用更高水准的专业人才来管理公司财务。

在我看来，财务人员的水准要跟企业的发展水平相"匹配"。这样才能实现精细管理，并深度融合企业的总体战略布局，助力高质量发展。比如上市计划、大型投资、银行融资、精细管理等，不同的发展阶段面临不同的财务需求。

（1）初创期。处于求生存的阶段，人、财、物都是小批量进出，一些企业主甚至自己当出纳。该阶段，聘请一个初级会计员，或是找个兼职人员代理记账即可。

（2）发展期。这个阶段，我们称为迭变的管理期。这时，企业大批增加设备、人员，销售量节节攀升，财务体系要着手探讨银行融资或是引入外部资金。公司的整盘账如实地体现销售、成本及资产、利润等细节，这对财务人员的要求提高了一定的门槛，需要配备一个专业的财务人员，以健全公司的财务系统。

（3）稳健期。在经历一个高速迭变期后，企业的收入相对比较稳定。这时候企业主该考虑的是如何精细管理，如何节流，减少不必要的开销。如具备上市的基础和条件，则需配备一名管理型的财务人才，可以设财务经理或总监的职务，参与企业管理。这名财务经理或总监必须要有8年以上的财务工作经历，曾在大集团、公司任职，取得中级会计师或注册会计师者优先考虑。

"话"重点，所谓不同阶段对于财务人员的不同要求，并不是让企业主简单地裁换财务人员，而是要有这种思维模式——企业发展到一定阶段，要有与之相匹配的财务人员。

账务公开透明是合作之基

生意场，合伙人反目、亲朋分崩离析的境遇比比皆是。

通过这种现象，我们可以发现其背后的"共性"：掌管公司的主要负责人存有一定的私心、账务不透明、不公于小股东，抑或不负责经营的股东，不及时掌控公司真实的经营状况，久而久之，产生猜忌与不信任，导致合作中断甚至散伙。

之所以说账务的内部透明、公开是合作的基础，是因其为一种互相信任的方式。只有让合作伙伴了解你，让合作伙伴看到企业真实的经营状况，才能对企业的盈利、亏损做出客观判断。

账务不需简单的表象，而需真实的透明。那么，公司账务如何做到公开透明呢？我想提几点建议，仅供参考。

（1）审批流程透明化。可采取钉钉或企业微信、飞信、OA等办公软件，让公司的支出、收入透明化。每一笔开销，合作伙伴不一定要有审批权限，但可以抄送告之。

（2）定时推送企业报表。报表每月及时报送给合作伙伴，对存疑之处，可让财务人员答疑解惑。

（3）共同决策的模式。对重大的资金调度、审批及决策事项，必须征求合作伙伴的意见或提前告知，以共同决策。

如能落实以上三项举措，相信企业之发展定能行稳致远。

| 公开透明 | ↔ | 合作基础 |

税收洼地的应用

移动互联网时代，给我们提供了触碰信息的便捷。大家经常在头条、抖音、百度上"刷"到类似消息，某省某地出台的优惠政策能为企业降低多少税负的利好，即所谓的税收洼地。那么，我们就来说说税收洼地及其应用。

1. 税收洼地的概念

税收洼地是指在特定的行政区域，在其税务管理辖区注册的企业通过区域性税收优惠、简化税收征管办法和税收地方留成返还等处理方法，实现企业税负降低的目标。实际上，税收洼地不是欠发达地区的"专属"，像上海、江苏等地的部分区县同样存在。

2. 税收洼地是否合法

这是一种地方的优惠政策，在一定程度上，很多上市公司也享有该政策。首先，政府税收奖励，支持企业的发展，应是合法；其次，企业按章纳税，在向国库完税后，从地方财政拨出奖励给企业，属收支两条线。当然，其合法性也要考虑国家另有行政法规进行约束之外。

3. 税收洼地的落地

如果是寻找服务商的话，最好是考察他们的团队，在税收洼地当前有没有配套的服务场地及服务团队。如有，则可以落地。反之则不行。

温馨提示，企业收到的财政资金应列为营业外收入。不少到税收洼地享受优惠政策的企业，大多不会将财税奖励款项记入账，一旦税务部门查到的话，则要按25%缴纳企业所得税款。

公司注册实务

"个人独资,是注册有限公司好,还是注册个体户好?"

"我公司三人合伙,是注册有限公司,还是注册合伙企业?"

"公司准备投资新项目,是以公司名义去投资还是以个人名义去投资好?"

…………

在日常生活中,经常有朋友向我咨询此类问题。其实,这没有标准答案,但有规律可循。不同的公司类型、现状、方向、目标,所需注册的类型也就有所不同。

1. 根据公司类型及责任划分来区分

(1)有限公司是以注册资金为责任。

(2)个独、个体户是以个人资产为责任,相当于无限责任。

(3)合伙企业至少是一人以上承担无限责任,其他人承担有限责任,以注册资本为准。承担无限责任的个人或法人单位,行使公司管理权,一般称为普通合伙人(General Partner,GP),其他人称为有限合伙人(Limited Partner,LP)。

2. 根据客户和市场需求来区分

(1)企业服务(to B)市场,如果你面向的客户是市场法人,一般设立有限公司。比如,和华为谈生意,个体户的话语权不能"对等"。

(2)开淘宝店或者餐饮店,小投资面向的都是个体顾客,则应注册个体户。

(3)注册合伙企业,一般小股东要控制大股东或者是众多的投资者。

比如，好多私募的合伙人，不是1%的GP控制100%的企业管理权。

（4）从事高危行业或风险较高的重资产产业，建议注册有限公司。

3.根据投资项目或开发区域来区分

子公司是法人独立的公司；分公司相当于总公司的一个派驻业务机构。如投资的项目与总公司的项目是不同的行业或是不同的品牌，建议设立子公司。

如在新的一个区域开发业务，建议注册分公司。当然，如果有新合伙人参与到新项目、新区域的开发，为了方便核算及责任划分，也可考虑设立子公司。

设立什么样的公司类型，是根据市场方向及业务需求来区分的，同时也根据投入及风险度来评估。

尽量避免连带担保

连带担保，这在企业经营当中是一个非常敏感的问题。2012年，浙江信贷联保危机暴发，卷入的民营企业数以千计。特别是温州企业的联保，曾经是银行业或企业界推荐的一种融资方式，但不过两三年时间，因为连带担保，导致一些经营尚好的企业遭受牵连，甚至倒闭。

基于此，不少企业主谈连带担保"色变"，因为在他们看来，连带担保"捆绑"着个人资产。在这里，我建议情非得已，否则不碰。以下原则需把握：

①绝不为亲戚朋友提供担保；

②尽量避免配偶一同签字；

③不为朋友公司进行担保；

④自己的企业也要谨慎，能不个人担保尽量不要担保；

⑤尽量不要用生活必需品（如住房等）去做抵押担保。

人生无常，世事多变。请善待他人，也善待自己。

资产配置与风险规避

2016年，一个朋友卖了企业，手上有2000多万元现金，出于理财考虑，他拿了1200万元借给另外一个做P2P的朋友，月息2.5%，一个月就有近30万元的利息收入。

他当时找我聊，称要把钱借给某某人的时候，我跟他说了一句话："不要把鸡蛋放在一个篮子里面。"他当时还辩解这个人实力有多强，企业经营有多好，这个篮子比银行还牢固。我当时笑了笑，不作答。

事实如何呢？在收了一年的利息后，对方"断供"了，1200万元本金＋未付利息成了呆账坏账。半生积蓄打了水漂，极其可惜。

结合这个事例，我们可以总结出如下经验教训：

①把"宝"全部压在一个点上；

②贪图年化30%的高利息；

③没有任何资金作为担保；

④被所谓的实力蒙蔽双眼。

综上，压注在一个点上、贪图高利、没有担保、盲目自信，这些都是资产配置之大忌。

如何合理配置资产，我们不妨从以下几个方面尝试：

①公司资产与个人资金要分离，避免双向流动及混淆。

②保持一定比例的流动投资与固定投资。所谓流动投资泛指现金、股票、银行理财等，以保持一定的现金流动性；固定投资，特指房产、店面、投资项目等。建议保持30%以上流动投资。

③分散投资。如做流动资产投资，可以采取部分银行存款、部分购买

基金或股票的操作模式；如做固定资产投资，可搭配购买房产、店面等，以更灵活的方式赚取回报。

④分段投资。采取不同时效、时段的投资，分为短投与长投。比如买股票，是投其未来价值；有些是投短期的市场回报，如某些高科技股票，当下市场缺什么就投什么，出什么科技就投什么产业。

⑤不要迷信高额回报的高利贷。纵观近十年，这或许是风险最高的行业，没有之一。

我们所说的资产配置，不是让你不顾一切、不计后果地去追求最高回报，而是理性指导大家如何获得合理周期回报的安全措施。

企业主个人所得税的筹划

社会经济在经过一个高速发展期之后，实体企业的经营也经历了一个求大于供、低成本扩张的过程，现已进入一个平稳的发展期，经济学上称为"L"形经济走势。

税收是企业经营的"晴雨表"，当下国家各项税收的架构已覆盖企业经营全过程，税法体系已趋于完善。

但随着金融及资本市场的兴起，个人收入也趋于多元化、多渠道化，加上部分自由职业的多样化及个体经济的蓬勃发展，如微商、直播、网红、知识付费、股权收益等，高收入人群激增，他们在税收中的占比越来越大。

个人收入征税，是国家发展的一个趋势，而从财税政策体系的完善来说，已经解决了各方数据汇集的问题，银行账户、税务登记、市场管理信息基本已经串联，国家已具备实施个人征税的技术所需。

可以预测，未来将是高增值高收入人群完善财税体系的历程，个人收入来源都需合法合规化。公司转私，私人交易，财产转让都将纳入个人收入体系，你的纳税范畴不仅仅局限于工薪，而是涵盖不同层面的收入。

这时候，大家就需要进行总体、全局性的筹划，主要从以下两方面着手：

1. 薪酬与经营所得的区别

个人薪酬是按递进式纳税，而经营所得则可享受国家对小微企业的优惠政策，现为利润100万元以下，按5%优惠征收所得税。

2. 投资的股权设计

（1）个人直接投资中的一次性投资收益按20%缴纳所得税，即每投资一个公司相当于在缴纳了企业所得税之后，又缴纳了个人所得税。

（2）通过持股的公司再投资持股公司，可以利用该公司进行理财、投资管理等，避免缴纳企业所得税之后，重复缴纳个人所得税。

未来之路，你身边不仅需要律师、医生这类朋友，还需要会计师或税务师这样的朋友，他可以提供诸多合理节税的方式，帮你规划财富的增值。

"钱"路漫漫，且行且珍惜。

第六章

财务视角

● **本章导读**

　　站在不同的高度，会有不同的视界。

　　在井中观天与在高山之巅俯瞰天地，是两种境界与收获。

　　不同层次看财务，会得到两种结果。现在我们是站在经营者、管理者的位置，是以全局、动态的思维来衡量企业的财务状况，看到的不只是静态的钱与事的二维，而是加上时间的三维财务视角。而财务人员对企业来说不单单只是某一个人，企业要根据发展的不同阶段、不同需求来配备不同层次的财务人员。

　　现在，你可尝试以动态三维视角来看待公司的财务。

广义财务——财务三维视角

于企业而言，财务之概念有广义和狭义之别。

一提到财务，大家首先想到的可能是公司财务部的某某会计，因为你在公司的所有报销都要经过财务部会计人员的审核。在常人眼中，某某会计就等同于公司的财务。这是狭义财务的一个角度，即财务＝会计。

而另一个角度，则是会计眼中的财务。它涵盖公司的现金流水以及各种成本的结转，从而形成公司的财务账本，最后所有活动归结于三张表：资产负债表、损益表、资金流量表。这是一个会计眼中的财务，即财务＝报表＋凭证＋账本。

对财务的表象认知，大众普遍认为财务是具体的数字，是反映企业经营活动及资金流动的结果与过程。不可否认，大家的认知是没错的，财务做的就是企业经营活动具体数量的记录。

那究竟有没有广义的财务？还是说财务就是一个概念，一个状态呢？

我认为，企业的财务概念是有狭义和广义之分的。其中，狭义的财务就如上所述，大家都认为是具体的静态表现。而站在企业主的角度来看，财务不应这么单线条地理解。广义的企业财务概念，应当是由企业经营资金活动与各种成本累计动态构筑的三维视角，即时间、事项、资金的立体呈现。

通俗地讲，狭义的企业财务不外乎就是会计人员对企业各种往来及成本的核算，具体事项与资金数额的体现。而广义的财务除了上述活动之外，还涵盖了动态的变化，即时间的概念。站在广义财务的角度，我们看待企业资金流及各项成本的思维则会完全不一样。

```
        资金
         /\
        /  \
       /    \
      /      \
     /_____\
   时间        事项
```

财务三维视角结构图

事例为证，花费 100 万元现金，购得 100 万元货物，销售金额为 120 万元，赚取 20 万元利润。这个过程就是财务的记账，体现了公司业务过程的两个要素，即 100 万元资金通过销售形成了 20 万元利润。

如果从广义的企业财务视角出发，你应该加上时间的价值。假设采购与销售过程是一个月的时间，也就是你在一个月的时间里，用 100 万元产生了 20 万元的价值。假如我们将产品利润降至 15 万元，并将销售周期减至半个月，那么一个月的时间，100 万元所产生的价值就由 20 万元增加到了 30 万元。

这是一个三维的财务视角，可谓放之"商海"而皆准。比如：

（1）公司的存货，如果没加上时间维度，你会机械地认为公司的存货值多少钱；如果你算上每月仓库的租金，这些存货每一天都在消耗仓储成本，好比 1 万元的东西，存放一年仓库租金或许都要 5000 元。面对这种无形损耗，你是否要做另外选择。

（2）生产成本，生产成本涉及固定成本与变动成本。固定成本，不管你生产 1 万还是 10 万的量，这个成本是不变的；变动成本，根据生产量形成一个正比的增长，加上时间维度，就是在一定的时间内，如果产能提升 20%，固定成本不变，利润可能增加 30%。

此外，还涉及人力资源成本管控、产品销售、资金周转等其他方面。大家不妨用三维视角去看待和分析，或许能帮你更有效地决策。

三维视角应用的延伸

我们在做一个项目或购买一件产品的时候，常规计算的是投入与产出二维结构。往往实际上，我们在购买的过程中所花费的时间也构成成本与价值。

时间作为价值成本的构成要素，最终体现在效率上，也就是时间的产值。比如100万元现金，按照年化利率3%计算，一年后的终值是103万元，这个就是在特定条件下的时间产值。

一台设备，一个月的产值是10万元，一年的产值就是120万元，是时间＋设备生产（投入资金＋事项）形成的年产值。作为企业主或管理者，要有鲜明的时间价值与成本理念，内化于心，外化于行，形成自己的思维行为模式，从而在工作效率和企业效益上实现"双提升"。

在企业经营的实操中，目标实现要与时间挂钩；库存成本要与库存时间及租金挂钩；设备产出要与日产量挂钩；资金要与时间的价值及利率挂钩……

拓展延伸到人生范畴，人生价值要与学习时间挂钩，生命周期要与生命价值挂钩……

唯物辩证法认为，世界亘古不变的就是一直在变。一直在变的内因，是所有的事物伴随着时间的推移而不断变化。我们可以用三维视角来看待更多的价值与行为，探寻事物价值的本质。

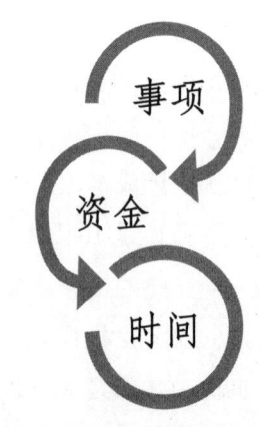

财务三维视角动态示意图

不同层次财务人员的专业水准

财务于企业而言,属关键一环,命门所在。不同发展阶段的企业,对于财务的职能需求亦不同。

一个小微企业,只需一个报税人员,老板兼管财务就行;一个中小型工厂,则需专职的会计人员进行成本等方面的核算;一个中型企业就得配备会计主管或经理对公司的财务进行核算、资金统筹、使用规划、融资策划等;再往上就是大型企业,如上市公司、集团公司等,这就需要配备财务总监对公司的财务人员、资金往来、财务规划等进行协调、监督。

那么,财务会计员、主管(经理)、总监所属的专业程度有何区别,如何量化呢?接下来,我们不妨通过对其专业程度的了解,来为企业选配与发展阶段相匹配的适用人才。

1. 工作年限

财务主管或经理一职,需有三至五年以上的工作经历。财务总监,则需八年以上,且有从事财务经理或分管财务的副总经理的行业经历。从事会计行业的应届毕业生,第一年基本处于实习阶段,可作为统计员或记账员,需对公司有过了解并接纳全盘出账后,方能称为会计员。

2. 专业知识

学无止境,这在会计行业尤为明显。一个会计专业的毕业生,并不意味着全面而系统地掌握了财务知识。比如,会计核算方法会随国家税收政策的调整而发生变化。

任何财务人员职务的升迁,无不与其专业知识和行业经验积累相关联。会计员一般要求持有会计从业资格证即可;财务主管或经理则需有会计初级资格证；财务总监则需获得中级以上职称或注册会计师资格。虽然证书不能完全代表一个财务人员的能力和水平，但这块"敲门砖"却不能少，毕竟它还是有指标考量依据和能力考核导向的。

3. 交际能力

交际能力，包括沟通、人脉与应变三层关系。

公司会计员，他的沟通层级可能是主管或同事；财务主管，他的沟通层级则包括金融机构、税务部门、公司高层等。两者相比，主管发表的"言论"比会计员要多，因为他需要在不同场合解释公司的财务状况及做好财务规划。财务总监，他要做的是财务部门与公司其他部门的协调配合，外延至政府机关、银行机构、税务部门等方面的联络，并负责向董事会呈报公司财务状况。

企业发展所处不同阶段对财务人员的不同要求，在某种程度上也是企业人才培养的晋升渠道，即会计员—财务主管或经理—财务总监，确保职务需求与发展阶段适度匹配，做到有"人"有"事"，"人""事"对应。

财务管理人的思维转型

思维决定行为，行为决定结果。

财务经理或总监，亦公司财务管理人，跻身管理高层。在一家企业，只有达到一定规模才会设置财务管理人岗位。能胜任此岗位者，自然财务经验颇丰。

立足新岗位，你是否有新思维？立足新要求，你是否有新本领？

我们不妨一起来探讨从小财务到大财务的思维转变，从一名普通员工到管理人员的角色定位。

1. 从技术员到管理员

作为公司的一名会计，或许坚持本职思维，做好分内工作即可。当你履职公司财务负责人，从一个技术岗位到管理岗位，除需精通业务之外，还得做好本部门与其他部门之间的统筹协调工作及相关外联工作。简言之，你不再是一个人在"战斗"，而是带领一个团队在"战斗"。

2. 从注重过程到关注结果

普通会计员，更多的是注重换算的过程，每笔资金的流转，货品的进出，最后统计出报表。一旦进入管理员角色，就无须做这些基础性工作，重点是关注团队效率和事项结果。如，银行贷款到期时限、续贷概率多大、公司报表何时出来、产品毛利几何、资产回报率有无提升等。

3. 从关注局部到着眼全局

作为财务管理人，要有从企业全局谋划财务的意识。比如，公司本月电费增多，要敏感地跟进公司本月产量是否增长；某个产品所需原料超出预期，要核实是否不良品增多；当下原材料市场价下跌，要核验公司的采购价是否随之下降……

林林总总，作为一名合格的财务管理人，必须站在全局的高度来看公司的各项收支。

4. 确保专业的纵向与管理的横向同步

财务管理人，一方面要保持专业的纵向提升，即上要了解国家的财税法规政策，下要了解地方政府的各项优惠政策，这样才能助力公司的发展升级。

另一方面又要强化横向管理思维，如果只是简单的职务调整，思维却不转向，那无异于只动"屁股"不动"脑袋"，自然就难言"胜任"二字。

5. 静态与动态的财务思维

一般的会计员，看到的是静态数据，而作为一个财务管理人，则应该掌控动态数据。打比方，企业有100万元银行存款，会计员看到的是100万元现金，财务管理人应该看到的是100万元背后的价值，如利息收益等。这就是静态财务思维与动态财务思维的区别。

我认为，每一个从事财务工作的人员，都要向财务管理人思维模式靠近，否则将永远无法突破能力瓶颈，无法实现从技术岗到管理岗的跨越。

相信自己，强"财"有我。

技术——管理

过程——结果

局部——全局

纵向——横向

静态——动态

管理人员思维转型模块

财务的三重境界

万事万物，都要经历一个变化和发展的过程。就拿会计行业来说，有初级会计（会计员、助理会计师）、中级会计师、高级会计师等不同级别。这些级别的划分是行业考级给予的评定，是通过专业考试来审定个人的专业程度。

在这里，我想说的是结合工作实际，我们不妨从个人思维、专业程度、工作条件、工作环境、工作性质、战略决策等来看待财务的三重境界，姑且称为另一种维度的初、中、高级。

第一重：技

这是专业，也就是财务人员入行必备的专业知识，并用其去从事该专业的某一项工作，如出纳、成本会计等。这一阶段，财务人员所接触的是比较单一、基础的会计工作，只需将所学的会计专业知识应用到现有的工作中即可。

第二重：艺

这是技的提升，需借助更多的专业知识来融会贯通，打破瓶颈，才能称为艺。这个阶段的财务人员，已是部门经理或总监，财务工作职责已完成从点到面的转换，思维已不再局限于财务，需外延至企业管理、经济法、公司法等，并强化人际关系的处理。纵向专业深度，横向管理广度，无疑跨入新境界，更上一层楼。

第三重：道

道可道，非常道；名可名，非常名。

进入到这个层级的财务管理人，早已不是机械地站在点或面上去看待问题，而是形成了超越常规的思维体系。犹如高手过招一般，举手投足间，既杀敌于无形，又具象无为，终功成名就。

此时的财务管理人眼中的财务已然不是财务，所控财务贯穿企业全生命周期，链接产业布局、资源整合、资金流动。

由技入艺。需从技入门，有技在身，加以磨炼，借以时间、空间有机结合，方能达到艺的境界。就像画工一样，没有丰富的人生阅历，画得再用心，也只能是画工而已，很难跻身艺术家之列。

由艺入道。经历过技、艺的双效提升，能否进入道的层级，除了才学、阅历、机遇之外，关键在"悟"的修为，唯"悟"至"道"。

路漫漫其修远兮，吾将上下而求索。谨此，愿与诸君共勉。

考量企业获利与运营能力的四项财务指标

单一的财务指标很难验证企业的获利能力,只有综合衡量,才能评估出真实的获利能力。

投资回报的优劣,单纯地考量企业规模、年销售额都是浮云,只有比对各种综合指标,才能精准地掌控企业的获利能力。要做到精准掌控,一般采用杜邦分析法进行有效分析,其指标主要有四:

(1)获利能力:净利率=净利润/收入

(2)资产效率:资产周转率=主营业务收入/总资产

(3)金融杠杆:权益系数=总资产/权益资本

(4)投资回报率:净资产收益率=净利润/权益资本

=净利率×资产周转率×权益系数

杜邦分析法,是一种经典的绩效评价方式,由美国杜邦公司启用的,用以评估公司的获利能力及股东权益的回报。下面,我们举例说明。

案例1:

甲企业的总资产为3000万元,负债为1500万元,净资产为1500万元。2020年的营业额为4500万元,净利润为500万元。那么,与之对应的几个指标情况如下:

(1)获利能力:销售净利率=500/4500×100%=11.11%

(2)资产效率:资产周转率=4500/3000=1.5

(3)金融杠杆:权益乘数=3000/1500=2

(4)股东回报:股东投资回报率ROE(净资产收益率)

净资产收益率 = 盈利能力 × 资产效率 × 金融杠杆
         = 销售净利率 × 资产周转率 × 权益乘数
         = 11.11% × 1.5 × 2 = 33.33%

任何数据，只有对比才能体现差距。我们以银行及民间借贷利率作为资产回报率，假定总资产的回报率为10%（银行借贷率），净资产的回报率为20%（民间借贷率），以市场合理债务杠杆为1∶1（净资产1倍的负债杠杆），资产负债率控制在50%内（安全借贷线），生产企业一般的资产周转率为1（重资产行业普遍适用）。

通过上述系数，可以来评估甲企业的整体获利与运营能力：

类别	行业系数	企业比率	评定
获利能力	10%	11.11%	略高
资产效率	1	1.5	良
金融杠杆	2	2	平稳
股东回报	20%	33.33%	高

综上数据来看，甲企业评估为良性。其中，金融杠杆为2，即资产负债率50%，说明甲企业的负债控制在一个合理的水平内；销售净利率11.11%，接近市场回报率，而净资产收益率33.33%，高于市场回报率，较高的股东回报率，得益于资产的高效周转及金融杠杆作用。

数据论证，甲企业具有一定的竞争能力和可持续获利能力。

案例2：

如果乙企业的总资产为3000万元，负债为2500万元，净资产500万元，利润为500万元，其他同案例1一样。

净资产收益率 = 500/500 × 100% = 100%

权益乘数 = 2500/500 = 5

那么，乙企业的整体获利与运营能力评估如下：

类别	行业系数	企业比率	评定
获利能力	10%	11.11%	略高
资产效率	1	1.5	良
金融杠杆	2	5	高
股东回报	20%	100%	高

综合指标显示，乙企业的股东回报属于高层级。与甲企业相比，这种高股东回报得益于较高的金融杠杆，从某种程度上讲，乙企业的安全系数较低，杠杆太高。

案例3：

假设丙企业总资产为3000万元，负债为500万元，净资产为2500万元，利润为500万元，其他情况与案例1所示相同。

净资产收益率 = 500/2500 × 100% = 20%

权益乘数 = 500/2500 = 0.2

那么，丙企业的整体获利与运营能力评估如下：

类别	行业系数	企业比率	评定
获利能力	10%	11.11%	略高
资产效率	1	1.5	良
金融杠杆	2	0.2	低
股东回报	20%	20%	平

从指标上看，丙企业是一家较为稳健的运营公司，资产基本属于自有资金投资，股东回报比甲、乙两家企业均低，原因在于金融杠杆不高。

企业的获利能力是综合考评的结果，由公司的资产周转率及产品的毛利率决定；而股东的回报，则由企业获利能力、资产周转速度、金融杠杆决定。

透过杜邦分析法的四个比率指标，可以科学地分析一家企业财务的好坏，亦可精准地辨析企业盈利或亏损的主因。

应收账款与应付账款对资金调节的重要性

资金流于企业的重要性，相当于血液对人体的重要性。企业经营过程中如遇资金流"梗阻"，企业运转就会停滞，后续不良反应则会接踵而至。

实际上，企业在资金流的调节上可用的杠杆并不多，如用得太高，反而会影响到商业信誉，大家应谨慎为之。对于资金流的调节，业内更多关注的是应收账款与应付账款的情况。下面，我们就围绕这一话题来唠唠。

1. 应付账款

初创及小微企业，其刚性不强，采购大多为现款支付。但对创业者来说，要有意识地引导供应商同意赊账，周期为一周、10天、半个月、一个月、三个月不等，并结合同行业及市场对应收与应付的周期，谈定符合自身需求的周期时限。

在这里要说明的是，这种周期是建立在正常的商业信誉与平等协商的前提下，并不是让大家去赖账或故意拖延。

2. 应收账款

企业主眼中的应收账款，对于客户来说却是应付账款，客户难免会同你进行"博弈"。一般来说，规上企业已建立常态长效的规范模式并形成条文，应收账款周期为一至三个月。

应收账款的把控，企业规范尤为重要。

（1）以价格换账期。在不影响市场交易的前提下，尝试通过降价换账期（如，降低1%的价格换一个月的账期）。

（2）设定账期。企业经营当中，企业主心中要有一杆秤，看菜吃饭，量力而行，超过合理的账期不能赊，避免资金链受损。

（3）账期较长的企业要慎重"对接"市场信誉度不佳的企业。

（4）提升企业核心竞争力，做强做大优势，确保有价格话语权，有更强的议价能力。争取在"店大欺客""客大欺店"双向博弈中占得先机。

把控好应收、应付，畅通企业资金双向流动，建立一个稳定的应收、应付周期，确保企业资金流更具有规划性，企业运转才能平稳高效。

第四部分

战略与管理

第七章

战略思考

● **本章导读**

孙子曰:"兵者,国之大事,死生之地,存亡之道,不可不察也。"(《孙子兵法·始计篇》)

企业,不是一个独立、单一的经营主体,要在市场上与众多的同行进行竞争,实质上就是一场场商战,就是经营者的死生之地、存亡之道,不得不慎重地进行分析、筹划。

孙子又曰:"夫未战而庙算胜者,得算多也;未战而庙算不胜者,得算少也。多算胜,少算不胜,而况于无算乎?吾以此观之,胜负见矣。"(《孙子兵法·始计篇》)

庙算,就是筹划如何利用自己的优势,以何种方式出战出击,从而在战场上占有一定的竞争优势。整个过程,即是知彼知己的调查、战前部署、作战方案的制订,对企业来言,就是战略规划。

企业制定战略需思考什么?就是自己有什么能力,可以从哪些方面切入市场,并在市场上如何取得成功。

战略与选择

几近相同的行为，处在不同的层面，其内涵和意义也不同。

对于千千万万的初创业者来说，90%以上的企业是不存在战略规划的，充其量只能说是一种选择。

有很多行业大咖说，战略就是选择。对此，我持保留意见。因为所谓的战略，大至国家的规划部署，小到企业的计划安排，需要综合考量政治、文化、市场环境等之后，再对企业所处的行业竞争程度及优势劣势、机会、威胁等进行评估，最后结合企业本身的能力及核心竞争力做出策略性的选择，并提出相应的目标及其实施计划。我想，这才应该是完整的战略规划。

将战略规划说成是选择，我想这适合初创及小微企业。对于初创及小微企业来说，大部分无法上升为战略层面。试想，你投资100来万元，几个人的公司，相对于资产以亿计，员工数几万人规模的大集团企业去谈战略，似乎有些做作。

在我看来，战略大部分是在企业发展过程中不断调整，最后选择形成的企业发展规划。

选择充其量只是战略中的一个战术而已。初创企业，其实并没有多大的选择空间，有可能就是消亡与坚持选择，抑或创业初期对区域、市场细分、产品特性等方向进行选择，而且选择之后仍需经受市场的考验。

市场的考验，就好比是战场上真刀真枪的竞争，一是讲究实力，二是讲究成本，三是讲究策略。在实力悬殊的情况下，一切招数都将是苍白无力的，没有实际效果。只有在一定实力的前提下，再加上战略战术的精准应用，以适时调整创业规划，完善产品体系，才有实现突破与发展的可能。

对于大的集团、企业来说，投资任何一个项目，一定有明确的战略目标及规划。而对于初创企业及小微企业来说，更多的是选择，然后再根据企业的发展、市场的行情来制定公司的长远规划，最终形成企业的战略。

　　选择不能等同战略，但战略可以涵盖选择。

试说企业的竞争能力

一、竞争力与竞争优势

企业有大、有小,企业的竞争力是来自本身的资源优势,经梳理、整合而成的资源竞争优势。每一家企业,每一个人都有自己的竞争力。但放在市场上,你的竞争力是否有竞争优势呢?那就不见得,因为同行的某一个企业的综合竞争力比你更强大,或者他的某一项核心竞争力是你所没有的,比如对方的专利技术,刚好是市场所需求、客户所要的能力,那你的企业竞争力就失去了相应的优势。

刚才有说过,每家企业都有自己的竞争力,那竞争力是一直不变的吗?也不尽然。竞争力可能随着企业的发展而产生全面的变化,形成更强的竞争力,在市场上具有更大的竞争优势。

但还有另一种情况,就是市场发生变化,如对手的技术有了革新、规模产生突变等等因素,都会让你的企业核心竞争力在市场上一文不值,更谈不上竞争优势。

可见,竞争力每家企业都有,但有没有价值,取决于与对手的比较,市场的需求;还有,核心竞争力势必随着企业的发展而产生变化,也随着市场、竞争对手的发展而变化。

核心竞争力是在某一个时段内,企业的内部资源及外部资源结合而形成的独有的资源能力,这些资源涵盖了企业的人力、技术、服务、管理、品牌等等因素。

```
        时间段

         /\
        /  \
       / 竞争力 \
      /      \
     /_____\
  外部资源      内部资源
```

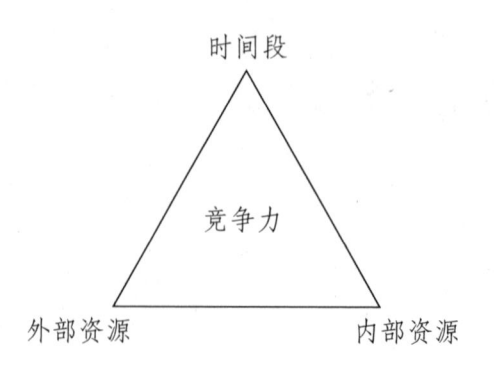

二、竞争力的构成因素

每一家企业的核心竞争力的构成基本上都不太一样，这是基于公司的类型及产品、服务的不同。如生产型企业，其核心竞争力一般会以技术、产品、规模为先；而服务型企业，很多则以团队、管理、模式为先。我们可以来细数下核心竞争力的各项构成因素，有利于分析企业的能力。

1. 团队

这是人的因素，不管是生产型企业，还是服务型、平台型企业，所有优势构成基础，离不开团队的基因。其重要性只是因公司不同而不同，但其根本性则不会变。

是否拥有技术团队或管理团队，这是评估你公司能力的第一要素。如果你的企业连一支团队都没有，试问如何打仗，如何在市场上竞争呢？

对于初创公司来说，很多风投，首先投的并不是产品，而是这家公司的团队。

2. 技术

你的企业是否拥有一技之长，就像一个人谋生、成长一样，不管什么时候，都要有一技傍身，才不会饿死。

可能你会说，我的产品是模仿来的，我的技术也是学来的，但不管怎样的技术，重要的是生产技术或者服务技术能否在你的企业固化下来，形成企业的实用技术。

初创企业，很难说你的技术是独有的或者是发明，百分之九十多的企业经营者没有独家的技术，关键的是，你的技术是否比别家企业的技术有所提升，有所改变，有所创新，形成你的特有的技术能力。

3. 管理

一般的管理是无法形成核心竞争力的，试问哪一家企业没有管理呢？只是管理的模式好不好而已。但有很多企业，其管理模式形成了核心竞争力，比如华为的管理及其股权架构模式等。

4. 服务

服务做到极致，也会形成核心竞争力。海底捞火锅，是管理与服务的结合，你可学到其商业模式，但是其服务是你一时半刻学不到的。你的企业能否在服务上做到极致，形成核心竞争力呢？这需要你根据客户对成本的敏感度去分析，越精致的服务，成本越高。

5. 商业模式

在以前，企业一般是生产型或者服务型的企业。近二十年来，新生的商业模式改变了原有商业模型，而平台型企业的诞生，就像是虚拟世界中的地主，在互联网平台上收起服务费、租金、广告费、中介费等。这种商业模式刷新了企业赚钱的方式方法，如淘宝、微信、京东、拼多多、滴滴、美团等等大大小小的平台。

6. 品牌

以前，打造一个品牌，没有五年、十年的时间，很难成就。但是现在，随着新媒体及电商平台的出现，一个新品牌的诞生，如操作得当，两三年就可形成。

不管什么时候，品牌终究是企业核心竞争力的代表之一，我们熟知的手机品牌有华为、OPPO、vivo、小米等等，熟知的家电品牌如美的、格力、苏泊尔等，熟知的文具品牌有晨光、得力、齐心等，熟知的日化用品品牌有宝洁、拉芳等等。

罗列这些品牌，是让大家清楚品牌的美誉度、知名度的价值所在，不管什么时候这都是企业竞争力的主要体现。

7. 成本

成本也是竞争力之一，而且很多企业都是以低成本作为核心竞争力。有些企业掌控下游的供应链，能控制整个生产链条的价格体系，打造出来的产品就有相当的成本优势。比如你有一个电解铝的加工企业，同时又有水电站，那么用低廉的能源价格来生产产品，在市场上自然构成竞争优势。

有些企业是劳动密集型，将企业转移到我国内陆地区或者东南亚国家去，也是在谋取成本上的优势。

8. 区域

区域能称为竞争优势吗？可以，做企业，在落地的时候，就要考虑区域的优势。蒙牛、伊利在内蒙古，大家一说到内蒙古，就会联想到牛奶；而甘肃的枸杞、新疆的葡萄、深圳的电子、某某地的内衣、玩具等等，区域会是一个天然的竞争优势，这是你去它在那里，你不去它也在那里的东西。这就是企业一开始的选择，可以以区域作为背书。

9. 专业专注

专注，体现出来的就是专业，以及产品的持续一贯性。行业内的多年经验，也会形成企业的竞争优势能力。不管企业大小，如果有几年、多年以上专注，形成行业经验，在业内形成口碑，那也是核心竞争力之一。

如瑞士很多钟表制造业及一些精密机械加工，很多是业内的隐形冠军，都有几十年、近百年的行业经验及专注，是一般竞争对手一时半刻颠覆不了的。

10. 企业文化

一个企业，能在内部形成企业文化，是需要一定的时间积累及领导者精神的延伸。文化可以千年传承，如佛教文化、儒家文化、道家文化等等，企业虽然非宗教，但有一些也会形成独特的行为文化。如瑞士的一些品牌钟表，是上百年精工细作的品牌文化的传承；法国的一些酒庄，保持上百年制酒工艺与企业品牌文化等；再如苹果这家企业，其设计理念一直传承着简单极致的文化概念。

文化可成为核心竞争力，一旦形成会有很长的生命力。

11. 其他隐形资源

有些企业，其存在、成就，并不一定是它们有什么技术、文化、团队，有时候是一种隐形的力量在后面支撑其发展。

比如，某家企业背后的资本，出于打压竞争对手或占领市场的目的，可支持该企业长期的投入，可支撑一直扩张并容许其亏损，试问有多少家企业能这样呢？

而有些企业的初期发展，在你面前可能是白手起家，但后面可能是某一个大企业的高管在支持，一个掌控资源的高人给予资源与政策，这是企业于市场竞争中的隐形资源。

12. 资本

资本展现的竞争力，是一件可怕的事情，资本可以不按市场规则出牌，资本可以让很多同行或者是竞争对手"死"得很彻底。

资本，可以让一个企业掠夺市场，不计成本地投入十亿、百亿；资本，可以让一个连续五年、十年亏损的企业稳居市场，不断蚕食市场的份额；资本，可以让一个企业一夜之间改旗易帜，被纳入旗下，由竞争对手变成合作伙伴；资本，可以收购一个竞争对手的品牌，并将它雪藏，让它销声匿迹。

资本可上天，可入地，可大可小。市场竞争在资本面前，似乎不堪一击。所谓的团队、管理、技术、文化等都将成为空谈。

这里所指的资本，是具有财团性质的资本，规模以十亿、百亿、千亿计的财团，他们是核心竞争力的核心。

构成竞争力的因素还有其他方面，如产品链、供应链等等，但最核心的是上述十二项内容。

了解竞争力的构成，再与企业的实际资源结合，相信可理出自己企业的优势在哪里，企业往哪里发展。

三、如何提炼核心竞争力

企业的竞争力，有大小之分。你认为的企业竞争力，可能在市场上不堪竞争对手的一击。那么什么才是你企业真正的核心竞争力，可以放在市场上与同行竞争呢？

我们可用以下四个维度来体现：

```
有价值                          稀有的
    ┌─────────────┬─────────────┐
    │             │             │
    │             │             │
    ├─────────────┼─────────────┤
    │             │             │
    │             │             │
    └─────────────┴─────────────┘
难以模仿                    唯一不可替代
```

核心竞争力评估框架

资源能力	有价值	稀有的	难以模仿	唯一
商标				
土地				
团队				
技术				
资本				
经验				
文化				
……				

在上表中，你可根据企业内部资源与外部资源的能力特征及价值进行评估。

一般的核心竞争力，是三至四种维度的结合。举例来说，比如商标，对企业来说只是有价值，但并非稀有、难以模仿、不可替代，那么商标只是产品的一个标识而已，谈不上核心竞争力。

比如团队，你的团队是有价值的、稀有的、难以模仿的，那么你的团队就具有一定竞争力，可作为企业的核心竞争力之一。

再比如技术，这是你独家开发的，并申请了发明。如果在你的公司没有形成产业化，体现不出具有的价值，那这种技术并不是你的竞争力。如果这一技术有价值，而且是稀有的、难以模仿、不可替代，那这技术会形成你企业的核心竞争力。

然而实际经营当中，有很多企业并没有明显的核心竞争力，照样在市场上生存。但不管如何，这些企业一定是有某方面的资源在支撑其发展，比如客户的信任、常年积累的经验等等，只是其核心竞争力不是很明显而已。

核心竞争力不明显的企业，只能说明该企业在市场的获利水平与同行持平或低于同行，不等于没法生存。

核心竞争力强而明显的企业，可能高于市场同行获得更多的利润，以及更具持续发展空间。

明白自己的优势，从战略上来说，这是"知己"之功，只有知彼知己，才能百战不殆。

经营战略模型的确立

一、企业发展问题的思考

企业经营当中，我们一般会做如下的考量：

我们的客户是谁，有哪些需求；

我们向客户提供什么样的商品或服务；

我们如何生产、制造、提供该商品或服务，在市场上有什么样的竞争优势及战略模型。

三个问题看起来是简单，实则涉及企业经营整体的策略运营。

我们来看第一个问题：我们的客户是谁？

我们首先要瞄准客户群体，做市场分析，确定客户区域；其次要了解客户有哪些需求，这是企业的市场定位；第三是如何满足这些需求，则是产品定位。

企业做战略规划的第一步，需清楚客户在哪里，我们到底是在满足哪些客户的需求。

第二个问题：我们向客户提供什么样的商品或服务。

回答这个问题之前，我们要对自己的企业做全面评估，一是内部有什么资源，比如技术、人才、资金等；二是外部有什么资源，比如客户、分销渠道、竞争对手的影响等。从内外资源的分析中，可以提炼出企业的核心竞争力，从核心竞争优势确定什么样的商品满足客户的需求。

第三个问题：我们的产品如何生产制造，才能在市场拥有竞争优势及战略模型。

前面是市场细分，进入市场定位及产品定位，再到企业的核心能力，能生产什么样的产品。那么第三个问题是企业如何生产、制造及如何在市场分销该商品,从战略部署来说,就是如何在生产或服务的过程中与竞争对手形成差异化及竞争优势。

以水杯为例,我们来做三种基本战略的分析。一个水杯,你可以用陶瓷,也可以用不锈钢、塑料等不同材质。你可以做得很简单,只有饮水作用;但也可以特别点,具有保温功能、增氧功能等。

生产什么样的水杯,这需同企业的优势与市场的需求相结合,现在我们一起来探讨。

二、企业经营层面战略模型

1. 成本领先战略模型

这是个水杯,本企业拥有高效的生产设备,生产一个水杯只需 3 分钟,竞争对手生产一个水杯需要 5 分钟;竞争对手生产 1000 个水杯需要 1.5 个人工,本企业生产 1000 个水杯只要 1 个人;这个水杯的原料其他企业是 1 元,本企业只需 0.8 元。

成本领先,就是在生产销售过程中,你的产品在同样的价格条件下,一是有更高的附加值,二是企业可获取高于同行的利润。

这个水杯的生产过程,原材料、人工、制造流程,成本低于同行的 20% 以上。对于企业来说,已经构成了成本竞争优势。而从企业的经营战略来定型,该企业可采取成本领先的战略模型,在市场上的分销,可以突出产品成本优势,降低价格,可以给中间商更多的折让,也可以在同等价格的情况下加大广告推广。

2. 差异化战略模型

还是一个水杯,不过这个水杯与众不同,这是企业技术团队的开发成果。假如这水杯装有负离子发生器,插电 3 分钟,能增加水中的氧分,形成富氧水。那么该水杯就同市场上的普通水杯形成了差异化的竞争模式。这一产品可超出客户愿意支付的价格范围,在满足客户需求的同时,获取更高的利润值。

差异化战略模型,来自技术创新或者服务模式、产品功能的创新,体现出产品的独特功能特征,从而获得更高的溢价。

但差异化战略模型的弊端就是如何快速地让客人了解到产品的功能点。在这一方面需加大宣传力度及塑造客户的感知度，这样的话才能在市场快速大量流通。

3. 聚焦型战略模型

水杯有很多种类型，可以是工夫茶的水杯，可以是喝水的普通玻璃杯，可以是具有保温功能的保温杯。现在企业计划投资水杯这一领域，经市场细分发现，喝水的群体有儿童、小学生，在学校以保温杯为主；青年以瓶装矿泉水为主；中年人以保温杯泡茶为主。在调查的过程中，还发现户外运动者中也有一定的市场，这杯子需要容量稍微大点，携带轻便，这也是市场的一个卖点。

经公司研究之后，专门针对户外运动开发一系列的饮水杯，满足户外运动者的需求。

这种模型就是聚焦型战略模型，通过分析，区隔出一个特定的购买群体，针对这一群体，开发出系列产品。这一细分市场的明显特征就是特定的购买群体或特定的地域市场，公司将聚焦该群体并满足该群体的特定需求，有一定瞄准缝隙市场的行为。

4. 新型战略——资本侵占式战略模型

近十年来，我们见到很多资本横扫市场的模式。一是2015年阿里巴巴的支付宝与腾讯的微信的红包之战，两个平台通过发红包补贴模式，投入近百亿的资金推动本平台线上支付软件的应用，吸引各自的使用群体。这一次红包大战，决定这两家公司电子支付的江湖地位，同时也抹杀后来者及线上支付的其他竞争者。

二是滴滴与快滴网约车的烧钱大战，同样也是100亿元级的投入。这场大战实际也是腾讯与阿里巴巴两大巨头的竞争，争夺网约车的市场及支付的使用渠道。资本的入侵、烧钱，最后的结果是"烧死"了其他竞争者，两家合并成为垄断式的网约车市场。

通过上述两个案例可看到，什么成本优势、差异化战略、聚焦型模式，在资本面前不堪一击。这就是一个小孩与一个巨人的对垒，其胜负不言而知。

资本侵占式的战略模型，就是利用背后的资本集团及平台上的资金，以大资本注入企业，在不计成本的情况下进行产品补贴，低价倾销或是容许长期亏损。

而随着国家法律法规的完善，资本侵占式战略将受到不同程度的制约。资本侵占的危害是很明显的，消费者虽然得到一时的让利优惠，但会形成长期的消费依赖习惯。而资本看重的是消费者长期的贡献值。同时，因资本的加入，打压及横扫其他竞争对手，在市场变成唯一或数一数二的垄断模式，这也扼杀了众多创业者及经营者的正常市场竞争行为，从某种程度来说是不平等的竞争。

5. 其他组合型的经营战略模型

在日常的经营当中，有些企业在某一战略模型没有绝对优势的时候，会考虑一到两种模型的组合策略，以弥补另外一种模型的不足。

（1）成本领先 + 差异化战略模型

这是在成本优势不是很明显或差异化特征不是那么突出的时候，两者形成互补。

（2）聚焦型 + 差异化战略模型

在某一个领域里，既是专注于某一系列产品的生产，同时可有其特别的功能式服务，形成聚焦型 + 差异化的战略模型。

（3）聚焦型 + 成本领先战略模型

该产品聚焦于某一领域，同时又在生产流程、原料采购等方面的投入成本明显低于同行业，既聚焦又有成本领先的模式。

以上所列示的企业经营策略为比较常见的策略方式。在实际经营当中，不同的企业具有不同的战略模型。而企业经营战略的确立，首先是根据市场细分、目标客户的需求来确定企业的经营方向，再基于本身的内部资源及外部资源的有效整合，形成固化的经营模式与竞争优势。

提炼企业核心竞争力是企业知己之功，而制定业务层面的经营策略，则是利用核心竞争力进行临阵作战、攻城略地的方式。明确企业在市场业务层面的战略方式，将有助于企业规划长远发展目标与核心竞争力的维持。

认识产品链设计

什么是产品链？在这里我所指的是企业策划设计的，具有相关链条联系的系列产品或提供的系列服务。

产品链的设计，有从低端到高端的模式，也有以引流（低价格）到获利（高附加值）的过程设计，再进一步延伸相关产品线。在实际应用当中，应当根据企业的能力和客户的需求进行评估，设计出合适的产品链。

下面，我们来看看产品链设计模式的相关内容。

1. 产品链的设计方式

（1）低价（免费）—高附加值产品

方式：引流（量）—黏性（质）—盈利（强）—延伸（大）

从引流入手，以免费或低价格的产品作为切入点；第二阶段的产品是具有吸引力的产品，以质量及效果为主；第三阶段的产品一般为独家产品，具有较高利润；第四阶段为终极阶层，获取一次性的长效之利，这种模式在教育培训类中应用较为广泛。

举个例子说明，某学院的培训模式，首先是在抖音、快手上推出各个老师的视频及199元的课程。这是第一阶段以免费教育或低价的模式来吸引消费者需求，凡是购买了相关课程的，都有客服跟进对接，并推出第二阶段产品，比如三天两夜的课程，这次课程收费2000元。通过三天两夜的培训，会分门别类地深挖学员的高层次需求，推出第三阶段的产品，如营销或财务的专项课程，收费1万至5万元不等，培训期为3至7天。接着就是第四阶段的产品，最后是产品价值的延伸，如在培训当中，对有价值的企业进行股权投资，以赚取十倍乃至更高的收益。

综上，大家可以发现，好的产品链设计，收益贯穿全链条、全周期。

（2）低端—高端的模式

方式：入门—明星—高端—战略

刚开始，产品不是很成熟及品牌影响力较低，以低端低价入门级的产品作为市场的敲门砖，打开销路；接着推出有特色的产品，一般称为明星产品，提升产品线的多样性；第三步再推出高端产品线，最后构建高、中、低三个层级的产品体系，布局整个产业链。

细想一下，是不是大部分手机品牌厂家都是沿用这样的套路。特别是小米手机，短短几年的时间，从数百元到万元的产品线，让公司跻身全球手机销量前五。我们不得不佩服小米团队对产品链的精准设计，即小米通过手机引流，同时做产品线的延伸，全覆盖小电器、空调、电视、冰箱、洗衣机，甚至还准备涉足汽车。这是一个产品成功之后不断完善和扩充的产品链，也就是战略升级。

2. 产品链的深度开发

（1）纵向（产品／服务）—纵向（客户）

以前面的教育培训为例，是对个人的需求进行深挖，而产品线也是进阶的，按照节点推出递进式的模式，即以深挖个人需求的模式，在同一品类中开发系列产品或服务，为同一群体提供产品或服务。

（2）纵向（产品／服务）—横向（客户）

如各大手机品牌企业的产品链设计，针对不同层面的受众群体，在一个产品上形成不同系列，涵盖从低端到高端的模式，即在同一品类中开发系列产品或服务，同时满足不同群体的差异化需求。

（3）横向（产品／服务）—横向（客户）

如南极人品牌的运营，原先从做羽绒服转变为品牌运营商，在线上可看到从床上用品、个人服装、鞋帽等各类产品，横跨数条产品线。美的电器也是同样的产品线设计，即不同类别的产品或服务，满足不同客户的需求。

（4）横向（产品／服务）—纵向（客户）

针对某些行业客户，为其提供该行业不同的产品线。

类比建房，虽然我们的客户需求是建一幢房子，但建筑公司提供的是一系列服务，涵盖设计、桩基础、主体建造、门窗、室内装修、空调安装、水电安装等等。

针对单个客户或产品，企业提供整体服务，这种模式多出现在服务行业。比如某一财税服务公司，针对房建行业提供免费咨询服务、会计输出、劳务灵活用工平台、工程设备租赁平台，设计形成产品链条，以全方位解决客户的系列需求。

简单概括为，不同类别的产品或服务，满足单个客户或同一群体的需求，其产品链的设计有两种方式：一是低价（免费）—高附加值产品，二是低端—高端的模式。而针对不同客户需求从广度与深度进行开发，则对应以上四种不同的产品链设计。

产品链设计模式

设计方式一：

引流（量）⟶ 黏性（质）⟶ 盈利（强）⟶ 延伸（大）

低价（免费）————————————————高附加值

设计方式二：

入门 ⟶ 明星 ⟶ 高端 ⟶ 战略

低端 ————————————————高端

设计方式三：

产品链深度（纵）广度（横）开发

纵向（产品/服务）——纵向（客户）

纵向（产品/服务）——横向（客户）

横向（产品/服务）——横向（客户）

横向（产品/服务）——纵向（客户）

从养鸡模式看商业获利模式

我们投资创业的目的是什么？是实现个人的理想，或是期望持续获利。每个人都有不同的目标与需求，但希望获利，对每一个创业者、投资者来说都是共同目标。只有获利，对企业而言，才能有效的持续经营。

大道相通，人与人之间没有很大的差别，事与事之间也有很多相通之处。现在我们试从养鸡的经营过程与方式来探讨商业的获利模式。

一、企业发展到一定阶段，具有极限性，如同禽类的成长过程

2020年初发生新冠疫情的时候，很多地方封闭管理，普通货物供应链停滞，疫情地区的大批企业停工停产，持续时间少则几个月，多则半年以上。很多养鸡养猪的生产经营户也因为疫情，鸡、猪等基本运输不出去，大部分养殖户陷入亏损、经营困难的状态。

这些养殖户的主要亏损原因在哪里呢？原来家禽类经一两个月快速生长期之后，它的体型重量基本固定下来，后期的饲养中生长的重量与投入不成正比，持续再饲养一两个月，饲料的投入已超过该家禽重量的售价。

其实很多生物的基因决定了其高峰时的身高、体重等指标。正如一个人一样，基本到十八岁左右就定型，生命周期由成长期、青壮期、衰老期三个阶段构成。

企业的创业，也同生物一样，你的产品商业模式、经营模式，在创立时，模式基因基本决定了企业最大的规模、生产数量、交易频次等。而企业经过成长期后，在青壮期达到顶峰，最后也会进入衰老期，会存在减产减量的问题。

我们明白了企业的发展周期的同时，也需明白到了一定阶段后，企业的投入与产出可能会不成正比。如同养鸡一样，面临两种选择：一是整鸡售卖，二是下蛋卖蛋。这是养鸡场的获利模式，在经营之中，也是商业获利的两种模式。

二、获利模式

获利模式1：养大后售卖

每一个产品都有生命周期，每一家企业也都有发展周期，不过有些是在发展期就夭折了，有些是在发展期或壮年期由企业主进行了转卖。

实体企业往往投入大，发展周期较长，回报也是比较缓慢。在资本市场，就有不同的投资者专门收购有发展前景的企业。对于企业主来说，何尝不是养大一只鸡，待价而沽而已。

如一些平台型、软件型的企业，可能这只鸡还没养大，就开始有人想把它买过去饲养，养肥养大之后又再转一手。

对于大部分的创业者来说，其初创时的想法，大部分都是希望做百年基业，都是想做一个持续盈利的企业。

但现实就是现实，想法很丰满，事实却是很残酷的。而事物有其发展规律，有其基因因素。这只鸡，饲养到一定阶段后，有可能在你这里再养下去也长不了肉。因为你提供的养分到了极限，你的场地已经容纳不了它的成长。这就是市场因素、自身因素决定你的企业没办法做大。还有就是未来这家企业能产出多少收益，你都不一定很清楚。

这时你说怎么办呢？实际就要在鸡处于成长期或步入壮年期时出售。对企业主来说，这时回报是最高、最有效益的。

在实操中我们也可看一些养鸡高手，接盘一些改制的企业，"饲养"两三年后，转手售卖给上市公司，从中获利几倍至十倍不等。

本人身边就有类似的朋友，专门收购药品生产企业，投入资金，盘活两三年后，转手卖给上市医药公司，一般获利是投资的三倍以上。

当然，这些操盘过程非一般人能做到，靠的是资源、模式、人脉等。

在风险投资市场上，某些企业的A轮、B轮、C轮、D轮，实际就是初创者及投资者不断套现及获利的过程。他们养的不是一只鸡，而是一只凤凰。

在现实中，大部分的创业者到一定的阶段后，必须考虑两个方向的选择：是一次性出售该企业套现，还是继续坚持以持续盈利为主。

获利模式2：养鸡生蛋

在经营过程中，我们希望企业能长期持续的获利。如同养鸡户有些是专门饲养下蛋的鸡，以售卖鸡蛋来获取利润。

这如同企业的另一种获利模式：养鸡生蛋。

这种养鸡生蛋的获利模式，是很多创业者开始时的愿望。希望通过投资的企业，以自有的生产模式或服务模式，使提供的产品在市场上长期存有，持续发展，从而企业在市场上长期存有。

养鸡生蛋，是鸡在青壮期才能取得的回报，鸡在成长期一般不会产蛋，而进入衰老期则下蛋会越来越少，甚至到一定时间就不再下蛋了。

企业的获利模式如同养鸡取蛋的周期，是争取长期持续回报的方式。如你持有该公司股份，企业长期经营，那么你最丰厚的回报一定是在企业的青壮阶段，此阶段是企业发展的巅峰，不管是规模销售收入、利润回报等，都差不多在此阶段形成。

不管企业主选择哪种方式，都是市场上的正常行为。从投资者来说，取得最高的的回报率才能体现投资价值，往往采取出售股权获利的方式。而更多的创业者，往往带着一定的情怀，希望企业是长期持续的经营与获利。

我们从上述三方面分析，可以看出企业不同的商业获利模式，更重要的一点是企业的不同获利模式，是在企业不同周期体现的。

售卖企业变现的获利模式，是在企业的发展期或进入青壮期时，这是最合适的时候。

而养鸡下蛋，通过经营企业取得持续投资回报的，大部分是在青壮期阶段。

不同的商业获利模式，决定了企业主的经营方向与思路、战略部署等。

而并不是每一家企业都经历了成长期、青壮期、衰老期三个阶段，有些企业从成长期直接进入衰老期，不要说获利多少，可能连本金都没有收回。

企业由青壮期进入衰老期，或是成长期直接进入衰老期，往往是企业碰到了经营困难，需要进行转型。这阶段要有创新的产品与模式，或是输入资本来补救，才能改变企业的发展路径。

售卖与下蛋的商业获利模式是从股权转卖与持续投资回报的模式去做探讨。而在实际经营当中，应是有其他方式存在。比如有些企业在发展期已经开始导入投资者，开始从个人的股份中进行获利的套现，这是个别现象。而上述这两种模式是最常见的，每一个经营者、初次创业者都可以从中去思考，我的终极获利模式到底是什么？

总之一句话，企业在不同的生存阶段要有不同的应变模式，可以考虑不同的获利方式。

第八章

管理思维

• **本章导读**

　　思维的模式，往往决定了行动的方向。

　　思维有逆向、正向之分，有此时、彼时的状态。

　　企业的经营，往往是绝处逢生，需在危机中寻找商机，需在现有的处境中看到未来的趋势与希望。

　　经营者的点滴想法，都会在企业的实际经营中充分体现，我们的思维应是与时俱进的，有正向，也有逆向的时候。不但要在危机中看到机会，也要在企业不同阶段形成不同的思维导向，这样才能有致胜之机。

于危机中寻机

什么是危机？于行业、领域、环境不同，内涵也自当各一。

对于种地耕田的人来说，危机是干旱、水灾、台风等；对于商业人士来说，是一次产业的变革、一次行业的萧条，是一次疫情带来的社会影响和行业动荡。

危机危机，危中有机，机中有危，危险与机遇并存。但每一次危机中所孕育的商机，对于有着冒险精神的人来说，无异于又一场造富的"饕餮盛宴"在朝他招手致意。

有些人可能会纳闷，为什么有冒险精神的往往以沿海一带的人居多，特别是浙江、福建、广东等沿海一带的商人最为活跃？

其实，这种精神的赓续源于他们祖祖辈辈临海的居住环境以及生活习性，我们不妨称为"海洋文化"，它没有典籍可查，没有教科书可章，只有世世代代的言传身教。

在海边，台风到来就是一种危机，在海里航行及捕鱼的船应尽快归岸。但捕鱼的渔民都清楚，台风到来的前一两天，是最容易捕到鱼的时候，这时候出海往往是满载而归。但也要掐准时间，确保赶在台风到来之前归岸，否则就会船翻人亡。

用现在的科学理论分析，台风到来的前几天，天气闷热，气压偏高，鱼儿会游到海平面上，这时候撒网捞鱼，中签概率大，自然都是满载而归。上千年的行为模式，形成了深入骨髓的血气与精神，往往在风险中看到商机，即借台风来临的有利气象，最大限度地捕捞到海面的游鱼。

《道德经》有云："正复为奇。"危机来的时候，往往是行业或产业洗牌的时候。如你能在危机中把握机遇，或许这场危机正是你成就另一番事业的开始。

几年前的猪瘟，多少养猪户破产，但能幸存下来的猪栏，又开启了小部分人的造富"深化"，让他们赚取了巨大的财富。

2020年初，突如其来的新冠疫情，这场危机"大水漫灌"，横跨各行各业，纵贯世界地域。疫情期间，防疫用品口罩、防护服的生产与销售就像是海面上游动的一群群鱼。多少人在短短几个月的时间赚了他几辈子的财富总和。

当时，你也可能看到了这种商机，但你敢不敢投资买口罩机来生产呢？很多人出于各种原因而放弃，但就有那么一撮人义无反顾往前冲。

有一家濒临倒闭的服装企业，在疫情到来的时候将所有的生产线改为防护服生产，并取得了当地政府的紧急特许。而当时，很多服装企业因为疫情停产，唯独他家的工厂，一夜之间转型，成为疫情期间的重点防疫物资生产企业，政府拨付了2000万元的预付款，采购相关物资原料，结果不到一年的时间，该工厂的资产超十亿元。或许，这家工厂的老板连做梦都不会想到能发展成这样的规模。

2021年，芯片危机，很多中小型家电、电子产品生产企业因缺芯或芯片进价太高而被迫停产。但还是有一批拥有货源的渠道商在这样的危机中实现了财富"富增长"。

俗话说"富贵出在凶劫年"。危机并非可怕，可怕的是在危机面前不能因势利导，化危为机，从而成为危机的牺牲品。

老子《道德经》第五十八章：

祸兮，福之所倚；福兮，祸之所伏。

孰知其极？其无正也。

正复为奇，善复为妖。

不同阶段的处境应有不同的思维导向

高度决定眼界，思维决定格局。

站在不同的高度，看到的景象自然不同。思维不在一个水平线，那就很难有共同的话题，很难找寻价值共同体。

不可排除的是，很多的资本大咖就是从小个体一步一步发展而来的，他们经历了不同阶段的发展与积累，最终修成正果，登上资本的"神坛"。当然，这种"神坛"的登顶也是一种动态的，其中也有不少从神坛跌落的真实个例。但不可否认的是，在你登顶"神坛"的那段巅峰时刻里，你的思维是绝对拥有大咖"气质"的。

在这里，我们不讨论、不纠结成败，只聊你我当下处于哪一种阶段，归于何种处境，又具备什么样的思维。

第一阶段：小个体

我有一亩三分地，有着自己的一个小店，老实本分，日出而作，日落而息，终日勤勤恳恳。我的想法就是"种好"自己的一亩三分地，把手上的营生经营好，一天有着几百元的收入，优哉游哉地过好自己的小日子。

处境：个体户，夫妻店或请上三两伙计。这就像一条独木舟一样，只有一个人在划船，人停舟自停。

思维：谋生阶段，解决一定温饱，希望小有积蓄。一般的想法是守住"摊子"，主要靠个人的努力。

温馨提示：再小的生意，也会有出头的日子，很多的大生意，都是从小生意开始。要切实转变思维，串联品牌、连锁、互联的思维，如一些小作坊，赋予原创的概念，成为地域品牌，产业不断发展升级，身份也变成了企业主。

思维一转，平台一变，角色立变。

第二阶段：中小型企业主

这个阶段的你，或许已经有一个工厂或者一家上规模的销售或服务公司，有着几十号或几百号员工的团队。这个时候，你想的并不是养家糊口的事情，而是如何持续地开拓业务，养活工厂或公司的这些员工。

过一段时间，订单多起来了，公司赚到了钱，要考虑增加些设备或多采购一些原料，以做大生产规模。

这是一家企业主的工作日常，他每天抬头挺胸，充满阳光，低调地开着一辆符合气质的座驾。每天为着业务与收款而奔波，为着企业的生存与发展呕心沥血。

处境：就像一条众人划桨的龙舟或是一艘轮船，你是船上的掌舵者，掌控着船的方向。你要讲究领导艺术，注重团队配合，合理分工协作，做一个有人气、有形象、有实体的"资产阶级"。

思维：追求做强做大，不满足于现状，从一个人的事变成一群人的事业。作为企业主，不单单是自己要努力，更多的是要强化团队的领导和协作。

这时候的企业主，不再处于一个人埋头苦干的阶段，要切实改变单打独斗的思维，转为发挥团队精神与团队的创新能力。对自己能干什么，不能干什么，需要什么人来做什么事有着明晰的定位。

正所谓，闻道有先后，术业有专攻。说的就是这层意境。

第三阶段：追求资本的人与资本家

资本家可以是企业家，但企业家不一定是资本家。这从某种程度上说，资本家不但手里拥有一定的资金，更重要的是具备调动其他资本的能量，控制着一家或多家企业。

而在普通百姓的眼里，资本家是上市公司的实际控制人，或是有资本助力其他公司上市，然后套现的投资人，他们是商界食物链的顶端。

通俗地讲，最接近资本者，一种是追求资本的人，一种是拥有资本的人。

如果你是追求资本的人，企业的销售业绩只是价值存在的一个条件而已。你讲求的是企业第一轮融资的市值是多少；第二轮融资的市值又是多少，比第一轮增长了多少倍的价格。

如果你已成为资本家，讲求的第一个层面是资本的增值及所控制企业的价值增长；另一个层面则是如何在适当时候出手，在某一个节点买入与卖出。

在商言商，在这里我们讲的是纯粹的商业利益及企业经营，不对企业家及资本家的社会价值作评论。其实，资本本无善恶，只是看掌握在谁手里，归于何种用途。

拥有充足的资本及资本资源，是商业巨轮或航母持续航行的不竭动力。有时，航行的时速和行进间所产生的冲击力，或将威胁到周边商业的安全和稳定。

追求资本的企业主，希望不是以资本为导向讲求企业价值，而是从企业的存在价值讲求资本；不是以资本运营为生，而是在企业运营中制定资本模式标准。

已然是资本家的你，人们更希望你的资本能向善而行，甚至引领行业高质量跨越式可持续发展，绝非以资本横扫业界众生，甚至挟资本而令行业群体屈服，形成行业的寡头经济。

对标对表，我们现在处于哪个阶段？是小个体还是企业主，抑或资本家？现阶段境况好不好，是要我们自己用心去评定的。

不想当将军的士兵不是好士兵。相信每一个企业主都有自己的上市梦，以迈向人生事业的巅峰。但更多的时候，你的企业、你的能力、你的资源却决定了你的飞行高度，就好比小鸟也有翱翔天空的美好愿景，受种类、基因、环境等客观因素的影响，有些小鸟能长成大鸟，像老鹰一样在天空翱翔；有些小鸟再怎么长，也只能在树枝上下飞行，无法企及想要的高度。

苍鹰天空翱翔，小鸟枝头歌唱。这就是不同阶段、不同层次所形成的不同时空维度与思维模式。实事求是，敢于面对，做好当下，展望未来。

善用危机实现管理升级

老子曰："治大国，若烹小鲜。"老子告诫我们，治理国家，要像烹小河鱼一样，不要频繁搅动，否则鱼肉易碎。

治大国、治小企，道理相通。一个企业，不能天天像搞运动一样，今天喊着要去产业升级，明天喊着要抓安全生产。这样翻来覆去，无益于提升企业的管理与运营，无助于企业的可持续发展。

多难兴邦，大乱大治。往往逆境更刺激企业的发展潜能，每当企业碰到困难和问题的时候，恰恰是解决"积"病的关键时机，或许是一种"新生"的开始。

凡事皆有利弊。在企业的日常经营中，以下这些危机点往往能触生另一种经营景象，我们一起来剖析一番。

1. 订单萎缩——产业转型

企业在正常的经营当中，收入稳定，利润可观，一般都不会去想产业转型或升级。只有在遭遇订单大幅下滑，比如出口不给力要考虑转内销，客户订单下挫要赶快想办法转产，等等。这是典型的通过产品销量危机去变革公司产业。

2. 市场危机——开源节流

市场危机，往往指的是市场的大环境不好，各行各业均不同程度地受到波及，产业转型这条路暂时走不通，那就要寻找新的客户资源或收入来源，同时节约成本降低开支。通过这类危机，改变了公司的客户渠道及降低了成本支出，以达到成本有效管控的目的。

3. 内部矛盾——管理调整

针对企业内部现行机制所存在的弊端和问题，对组织架构或人员进行重塑调整，以达到组织架构或人力资源的最大优化。这种内部矛盾，更多地存在于组织管理和人事问题上，在没有适当契机的情况下，企业主一般不会轻易"动刀子"。

4. 品质问题——管理升级

如企业产品出现问题或遭客户批量退货的时候，或许也是企业管理升级的最佳时机。此时，企业主可借此机会调整管理流程以及制定相应的奖惩措施，说不定能起到"四两拨千斤"的超常效果。

5. 资金困难——调整账款周期

企业在经营过程中，难免会遇到资金周转困难的情况，有时可以向客户进行解释，并调整相应的账款周期，改变原有的付款方式等。当然，这种"解释"是基于平等、有效的沟通之上。

借用危机进行管理升级，这是区别于危机管理的另一种管理思维，属于"不走寻常路"。企业的成长过程，也是一个发现问题—解决问题—发现问题的循环往复过程。我们做企业，最怕的不是遇到问题，而是遇到问题后却不知道怎么去解决问题。这是最大的"症结"，也是最大的悲哀。

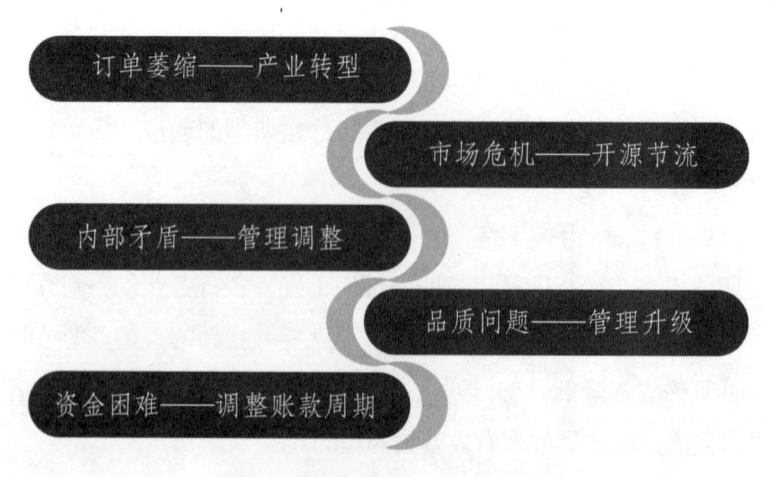

- 订单萎缩——产业转型
- 市场危机——开源节流
- 内部矛盾——管理调整
- 品质问题——管理升级
- 资金困难——调整账款周期

善用危机进行管理升级框架图

从点线面体的构成分析组织框架的合理性

几何学中点、线、面、体的形成，是遵循事物的演变规律而来，具有其自然性、科学性和合理性。其中，科学性是不以人的意志及时间的变迁为转移的。

就组织框架来说，它是由企业的部门设置及职能规划等构成。理论上的组织框架是依据公司法、章程、流程、人事安排等综合因素构成的。一般构成有直线制、职能制、事业部制、矩阵制等模式。

而企业施行的模式中，哪种是科学、有效的呢？目前业内还没有标准的框架来进行有效评估。但是，我们可以尝试着使用几何学中点、线、面、体的构成来衡量不同企业组织架构设置的合理性。

讲真，点、线、面、体的形成，实际上与企业的不同发展阶段是几近完美的吻合。

点，是企业的初创期，可能是个体户或个人工作室。

线，两点构成直线，说明企业已开始进入另一阶段，有合作伙伴或公司员工，公司结构相对简单，是在一条竖线或横线中运行。

面，此时公司已初具雏形，形成了团队模式，拓展了不同的业务线条，比如生产部、销售部、财务部等，但基本上是围绕一个业务端口或一种业务模式进行。

体，公司已发展到一定的规模，形成多元化发展模式，涉及多个产品线或是有多个事业部同时运行。此时的公司内部有多团队、多产品线、多业务线等显著特征。

通过对比企业的规模并结合点、线、面、体的特征，大家可以清晰地定位各自公司采取何种组织架构比较合理。

（1）当公司处于小个体的时候，你既是"店掌柜"，又是"店小二"，凡事都要亲力亲为，这时不存在管理架构，你就"代言"一切。

（2）当公司开始起步时，已有合作伙伴或小团队在一起打拼，已经开始有一个人在做主导，可采取垂直型的管理模式。这个阶段最有效简单的方式就是垂直管理。

（3）当公司形成多线条的工作部门时，需要采取的是职能制。比如生产部是一条线，销售部是一条线，财务部是一条线。如果此时仍然采取垂直管理模式的话，多方面将会脱节。为此，应当在每个部门、每条线上都有人负责，各行其是，各司其职。

（4）当公司发展到一定的规模，具有多个线条、多种产品、不同区域客户、不同的产业方向，这就说明公司已是集团层面的规格，要么设立不同子公司，要么采取矩阵制的管理模式，设立不同的事业部。

公司组织框架的设定，一定是根据企业的发展状态、业务模式及业务规模而定。而点、线、面、体的结构模式，正是企业不同阶段组织架构的设计模式。

相信作为企业主的你，读过这些之后不会再为企业合理的组织框架设定而纠结、烦恼。

点线面体与组织架构图

做最坏的打算，做最好的准备

一颗红心，两手准备。

任何事物都有其两面性，一个项目的投资有可能获利也有可能亏损；一个企业的转型升级有可能成功也有可能失败。而对于个人来说，借出的钱，有可能收回来，也有可能收不回来。

同样，你的创业决定，有可能给你带来家财万贯，也有可能让你倾家荡产。正所谓祸福相生，正复为奇，你看到好的时候可能不见得是好的，你见到坏的时候说不定还会变好。

在未知的变数当中，如何做到应变不惊，甚至转败为胜？那就要做最坏的打算，做最好的准备。用官方语言来表述的话，就是要坚持底线思维和胜者思维。

1. 做最坏的打算——底线思维

在这里，我们要说的是生活及工作上的一种处事之道，就是你失败的时候，不要败得一塌涂地；输的时候，不要输到一穷二白。

你借钱给朋友的时候，有没有想过他不会还你钱呢？如果有想过，那你就已做了最坏打算的心理准备。假如你的这位朋友不还你钱，该怎么办，能否承受得了这一损失？这个时候，你就会想往外借钱要适度。

每个人的处事方式各有不同，如果朋友向我借钱，我一般会量力而行，会做好还不了钱的准备。这样产生三个结果：一是我无能力承受这一损失，我不借这笔钱出去；二是我可承受多少的欠款，对我不会产生很大的影响，这钱就控制在这幅度内；三是这笔钱非借不可，那我要考虑采取什么样的措施才能保障这笔钱的安全。

刚才我们是通过个人的借款来聊最坏的准备，这实际上也是底线思维，是对风险的一种预估，并假设接受这种风险产生的后果。

其实，在投资创业上也是如此。你在投出一笔资金或个人全部时间、精力的时候，要评估如果投资失败，能否承受这样的失败？如果不能，那又该怎么办？

这个怎么办就是最坏的打算。你是否要避开家庭资产的安全，是否要保障一家老小的生活经费，如何保障，等等。

做一件事的时候，我们不妨多想下失败的后果。面对这种后果，你能怎么做，是仓皇应对还是从容处置？这完全取决于你有没有做好心理准备和想好应对之策。

凡事要有底线思维，做最坏的打算，才能不被生活苟且。

2. 做最好的准备——胜者思维

做最坏的打算，做最好的准备。这两者连在一起就是一种行为思维模式。

这就好比进行一场战争，敌人已经跨过了边界线，向你发起了进攻。这时，你要想到不去迎战的后果，也要想好去迎战的结果。不去迎战，可能国破家亡；如去迎战，可能击退敌人，护住国土家园。一旦决定采取行动迎战，就要有一种胜者思维，即要做最好的准备。

这种现象，更多地出现在我们的经营当中，不管是市场竞争，抑或企业的转型升级、新产品的研发投入等，有时候是一种你不转型、不投新产品就是等死，转型投新品又有可能是找死的"尴尬"境地。

能做什么，就要有最坏的打算，甚至是消亡的风险预估。而一旦确定去做，那就要做最好的准备。比如企业的转型，要做最好的准备，要有一种胜者思维，拿出一切反动派都是纸老虎的气概来。

实际上，企业碰到危机，或者个人有困难的时候，要敢于亮剑，敢于做斗争，要从战略上藐视困难，从战术上重视困难，做好充分的计划准备，不遗余力地战胜困难。

这样做的话，我们不能保证你百分之百会成功，但是你没这样做，那注定百分之百会失败。

做最坏的打算，做最好的准备。这一行为思维，希望能对你的日常生活和企业经营有所裨益。

"做最坏打算，做最好准备"思维图

选择与勤奋

选择是方向，勤奋是过程。但不在特定环境下，单纯地比较方向与过程孰轻孰重，严重缺乏可比性。

置于企业的经营当中，我认为选择与勤奋同样重要。选择是企业的发展方向，企业生产什么不生产什么，卖什么不卖什么，就是一种选择。有时候不得不感叹汉语言的博大精深，寓意绵长。大的集团企业所做出的选择称为战略，而对中小微企业来说，所做出的选择可称为抉择或直接称作选择。

坊间广为流传的"女怕嫁错郎，男怕入错行"，就说明了选择的重要性。你计划是想选择一个温柔的爱人，但结婚后发现性格不合。是要维系这种状态勉强过下去，还是要"长痛不如短痛"地去改变这种现状。这就是一种选择。对于家庭来说，可能是一方做出妥协，或者去改变对方，抑或打破现状；对于企业来说，不管你做出什么样的选择，都需另一种行为去支撑，就是勤奋的过程。

上天赐予你再肥沃的土地，如果你不去勤奋耕作，终将是暴殄天物，难有收获。

也有可能你选择的那块田地，既贫瘠，又缺水。这时，你要么放弃，要么就比别人更勤奋，去开荒拓土，去增肥土壤，去开渠引流，然后再去播撒种子，再去精耕细作，或许也能收获成果。

做企业也是一样，有时候你的选择没有商量的余地，只有一条路，不管这条路是什么样的路，你都要日夜兼程、风雨无阻地走好，这个过程就需要勤奋的力量做支撑。

既然做出了选择，那就要全力以赴做到最好，做出该有的样子，做出该有的成绩。莫让勤奋负了聪慧的选择。

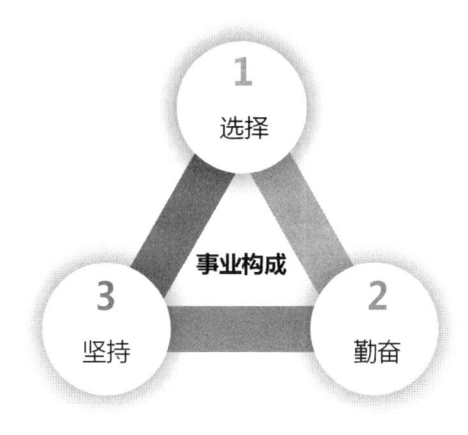

成就事业构成框架

挖井与引流

生存在这个世界上,一定要有未雨绸缪、居安思危的思想,这样才能够保证经常有"水"喝。其中,"挖井"就是一种未雨绸缪;"引流"就是水"源"的保障。

置于企业的特定背景意义来说,挖井是深度开发,引流是资源整合。

挖井与引流,是企业在经营层面的一种策略性选择,我们一般会碰到这样的管理场景:

(1)部门管理人员是内部选拔还是对外招聘;

(2)新项目的投资是公司注入资金还是引入投资方;

(3)内部经营困难时,是选择开源还是节流;

(4)新产品的生产是自己开发还是外包到其他厂家;

(5)公司的培训,是自己内训还是请外训;

(6)新技术的开发,是公司自主研发,抑或花钱买进。

通过以上管理场景,我们会发现在企业的决策或管理当中,不外乎是对挖井与引流两种模式的不同选择。

挖井式,就是根据企业自身的能力与资源,做深度的开发;引流式,是根据外部资源进行整合、合作或引入的方式。

其实,用"挖井"与"引流"这两个名词来形象地解释企业决策的模式是有一定的原理依据的。

挖井,把井挖好,会带给企业带来源源不断的泉水,这属于企业的内生动力,且拥有自主控制权,往往企业主的决策更多是基于该内生动力。或许,挖井的实效会长些,见效会慢些,但是挖井的过程也是培养企业解决问题能力的过程。

引流，对现有资源进行有效整合，表面上效率会快些，可能还会更省力，但这些大部分属于外部资源，有较强的外部环境限制，比如用过一次之后，说不定第二次还需重新引流，而且引流来的"水"（资源）也是有限的，可能只是满足一种阶段性的需求。

或许，有人就会发问，究竟是挖井式好还是引流式好呢？这本没有优劣之分，只有适合与否，关键是要根据企业的实际情况，以及事态的轻重缓急而定。

望大家谨记，存在即合理，适合最关键。

挖井
深度开发

引流
资源撮合

挖井与引流示意图

坚持与维持

"谁能坚持到最后，谁就是最大的赢家。"

"无论你今天要面对什么，既然走到了这一步，就坚持下去，给自己一些肯定，你比自己想象中要坚强。"

…………

在我们刷手机、看抖音的时候，经常能看到或听到诸如此类的心灵鸡汤。旨在鼓励当事人坚持再坚持，认为坚持就是胜利。

理想很丰满，现实很骨感。当大家都沉浸在美好的憧憬中时，很可能会忽略你做的事情，是否值得去坚持？你的处境是否有能力去坚持？坚持之后又会有什么样的结果，是否是你想要的预期？等等，这是大家不可回避的现实，并且需要自己去寻找答案。

坚持，是坚定意志力的表现行为，有信念、有信心、有方向、有目标，并且围绕这些方向和目标赓续努力。

维持，是对现阶段体量和状态的一种存续，没有更高的目标，没有更大的追求，只是一种机械的状态维序。

首先要确定的是，你的处境或你的事业现阶段是在坚持还是在维持。这个极端重要，必须确保明晰。

作为一名经营者，当碰到经营困难或问题的时候，要学会厘清思路。告诉自己，你的项目是否可坚持或者是再维持一段时间，以等待另一种局面出现。

在生意场这个"大染缸"中，我们看过很多类似的场景，企业本来可止损的阶段，却把维持的过程当作坚持的行为，不断地去筹钱维持企业现状，结果越陷越深，窟窿越"填"越大，本来可以全身而退的，最终落得个负债累累的窘境。

坚持与维持，是发展的两种不同路径。一种路径是迈向成功，能开花结果；另一种路径是步入失败，无奈"曲终人散"。

究竟是该坚持还是维持？我们可以从以下四个要素去进行评估：

①你现在的坚持是否有目标计划。

②你现在的坚持是否能改变现状。

③你现在的坚持是否有时间限定。

④你现在的坚持是否有资源支撑。

通过以上四个要素的评估，如果你还无法确定坚持的时限、维持的把握，以及预测的结果，那么奉劝你早点作个"了结"，尽快另谋他途。

如果你能做到心中有数，那些在确立方向、目标、计划、时间以及资源支撑之后，能做好就是一种坚持，不能做好就是一种维持。

此时，坚持与维持会变成两个成本模式，坚持直到成功，你的所有投入就有成本价值，称为有效成本或价值成本。如果你的坚持没有结果，实际就是一种维持，那你的损失就构成了沉没成本，同时也是浪费一种机会成本，你的回报就是一堆债务或是一个破产的公司。

坚持与维持，差之一字，谬以千里。万望慎之！慎之！慎之！

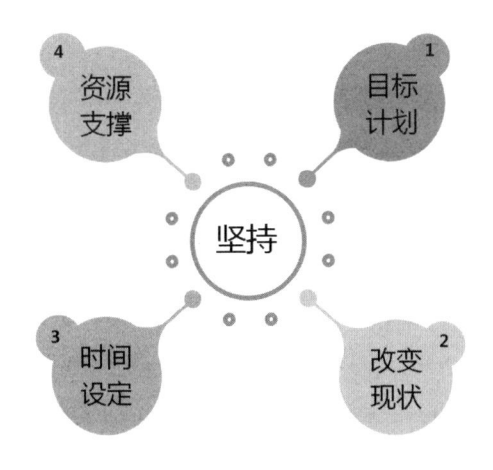

坚持四要素

担当与责任

因为赶路,所以奔跑;因为责任,所以担当。

责任与担当,有其关联性也有其差异性。在这里,我们重点说的是其差异性。

很多时候,不少管理者把自己职责范围内的处理责任看作是自己有担当。这种理解是错误的,从更高层次的管理者或企业主来看,这是你应该去做的事情,属于分内之事,如果未履职到位,则是一种失职行为。

何为担当?通俗地讲就是主动承担事务的行动自觉,就是把分外的事变成分内的事,而且有能力把它做好。担当绝对不是口号,而是一种主动负责、体现个人能力的行为。好比挑担子一样,本来是别人在挑,突然有人挑不动了或不挑了,你主动把担子挑起来并继续赶路,这就是担当的本意。

而责任,就是负责把这个担子挑到一个地方,在取得了相应报酬的前提下确保任务的完成,整个过程都是你的职责及责任。这是你职责之内的事,是你的分内行为,是一种被动的承担。做得好不见得有表扬,但做不好一定会被批评或惩罚。

担当,可以看出一个人的胸怀、气度、能力和格局。具有担当精神的人,更容易得到老板的赏识,也更容易获得晋升和高效回报。

比如公司有个技术攻坚项目,有两三个人可以作为人选,而你主动站出来负责挑大梁。

再比如,有些公司碰到经营困难,在急需一个人去负责营销团队的时候,你刚好有这个能力,而且又敢于站出来挑起这副重担。

……………

这些都是有担当的表现。

在企业的经营当中，我们最希望看到的是员工有担当，能主动去解决问题，或提出更好的意见建议。而不是把那些本应该做好的事，视为担当，并引以为傲。这与我们所提倡的背道而驰，实不可取，也实不可为。

改变想法与转变思维

思维决定行为，行为影响结果。

企业在不同的发展阶段，需要不同的管理方式及产品、模式迭代的转型行为。但往往很多的企业管理者和企业主，会固化使用惯性思维，沿用与企业现状或规模不相匹配的行为模式。

在我们周边的企业或者朋友圈里经常可以看到，有企业发展到一定规模，该实行职能代分工，设置相关部门的时候，企业主却仍沿用惯性思维，按照以前的行为习惯，进行"全面抓总"，即一个企业主既是财务主管、生产主管、销售主管，又是具体任务的执行者。该企业主在企业发展到一定阶段后，由于思维没有及时做出改变，导致企业后期出现相关问题，直至逐渐走下坡路。

还有另一种情形，就是有些企业碰到经营困难、滞销的时候，无法跳出原有的思维模式，深陷困惑，既放不下传统产品，又忌惮投产新产品。这样会让企业深陷困境，发展自然停滞不前。

作为企业主或管理者，应在企业经营当中坚持与时俱进，保持不断学习的状态，以适时做出与企业形势、现状相匹配的决策行为。

如果在自己的企业该改革的时候，却不能适时地做出决策和改变，这是企业最大的悲哀和不幸。因为这种忙无人能帮，唯一的就是到头来让市场去改变企业。

改变想法与转变思维，说白了一点，就是要么改变你的思维和行为，要么更换决策主体，用他人的思维和行为。

企业只有做出这样的抉择才会有出路和希望。而这种改变，是对所有转型以及变革中企业的一次"头脑风暴"之考,是对固守惯性思维管理者的一次"警钟长鸣",也是更新企业主导者科学决策的全新模式。

企业的发展历程,是一次次蝶变重生的经历,是一个个不断完善和调整的过程,所有的决策行为、经营方式都是一种动态模式,并不意味着时时行、事事能。

因此,作为一名企业主或管理者,应当不断调整自己,该任用新人的时候任用新人,该退出的时候就应当退出,该换人的时候就应当换人,及时有效地做出与市场相适应及企业变革相对应的决策行为。

而决策行为的做出,对企业主或管理者来说,重要的是思维模式的改变,一旦思维模式发生改变,随之变化的就是行为模式,而最终改变的企业的发展和命运。

不要拿个例参考制定规范和准则

在管理学中,有例行与例外的管理模式差别。美国管理学家泰罗认为,为了提高效率和控制大局,上级只保留处理例外和非常规事件的决定权和控制权,例行和常规的权力要"放手"给下属掌控。

这种管理模式能有效地解放管理者,一方面可避免在例行的琐碎事务上花费太多的时间和精力,另一方面也是一种分权的管理方式,让不同层次的人拥有不同的职权,充分体现职位与管理人员的自我价值。

在这里我们要重点讨论的是该管理模式的深层次内涵,即例外与例行之外的个例,实际上也就是非常规事件。

例外,是区别于例行的事务,属于一般规律、规定之外的事务。而个例,则是个别的、特殊的事例。

举个例子:一个技术员攻克一项技术难关,将设备的生产效能提了一倍。这时候作为管理者的你如何看待呢?

技术员突破一项技术难关,这是个例的产生。如何进行奖励,则是例行的事务;申请多少奖金,则是例外的事务。

关键点就在这里,管理员要看到例行与个例的区别,如果个例看作是普遍的事例,是某技术员的例行事务,那就不存在有奖励与激励的行为,也就是不存在例外的审批,这在某种程度上就会影响到技术创新的积极性。

再举一个例子,在某个协会里面,有百来个会员,大家都是约定在每一届选举开始之后,6个月内缴清3年的会费。但是,会员当中有两三个人过了6个月都没有缴纳会费,却享受了半年多的会员待遇,直至最后期限也没有上缴会费。

待到来年第二次换届时就有人提议,全体会员要在加入之前缴清3年的会费，否则就视为该会员自动放弃。

而作为协会的执行者或管理者，你认为应该如何处理呢？

百来个会员，两三个人没缴会费的非常规个例，是一种概率。如果这些会员后期补缴了会费，则是一种例外的行为，只是推迟了会费的缴纳期限而已，也就不存在有人提出入会之前就要把3年会费缴清的意见建议。

在我看来，如果入会之前就把3年的会费缴清，从个人心理角度来说，会有更多的人放弃入会，可能会流失更多的会员，这是一种违反常规的做法。再者，这种行为也犯了管理大忌：一是把个例当作例行来处理；二是把一时的行为视为长期的行为。

1. 把个别行为视为群体行为

结合以上事例来说，两三个人没有缴纳会费，则设定针对全员的规则，未免失之偏颇，以偏概全，即将个体的行为视作群体行为，将个例看作是例行进行处理。

这是一般管理者很容易犯的错误，即在没有改正现有错误的前提下，对造成错误的个体进行惩处。此举，直接导致另外一种错误的出现，那就是通过新设立的规则去制约、改变原有遵守规则的群体。

2. 把一时的行为视为长期持续的行为

某一个人在某一个时间点发生的事情，这并不代表其他人也会发生类似的事情。个例就是个例，不等同于所有的大概率事件。个例的发生，是有时间与空间限制的，并不是长期的、持续的行为结果。

管理者更多的是处理例外与非常规的事件，但有一点要引起重视：不要把个例当作例行去设置管理规范及行为准则。如果强行为之，则会适得其反，从而影响群体效率。

个例区隔图

第九章

预见管理

●本章导读

预见，就是一种前瞻性的管理思维。

预见，有两种意义：

一是我现在做什么，将来会产生什么样的因果；

二是我将来要成什么样，那么我现在应该如何做。

老子曰："合抱之木，生于毫末；九层之台，起于累土；千里之行，始于足下。"（《道德经》第64章）

事物的发展，是可以预见的，老子告诉我们，未来的庞大样子，是由现在的细小东西组成的。那么现在的做法，细小的举措，通过时间与事物的积累，将来能成就合抱之木、九层之台。企业的发展也是如此，从无到有、从小到大、从少到多，这就是预见的真义。

而我们把预见赋之于管理，成功是否指日可待呢？

企业壮大的原则：量变促质变

《道德经》有云："合抱之木，生于毫末；九层之台，起于累土；千里之行，始于足下。"

合抱的成材之木，是由细小的幼苗长成的；万丈高楼平地起，再高的楼宇也是一层一层积建起来的。一个企业不断壮大的过程，也是一步一步发展，经历着从量变到质变的过程。

"拳打万遍，其理自现。"意思是，你要经过千万遍的锤炼，才能拳上身，才能应用自如。

由量变到质变，是一个基数累积的过程，当量的积累到了一定程度，才能达到质变的飞跃。这是管理中可以预见的，没有开始的基数累积，就谈不上后期的质变结果。

1. 客户的"访问量"是成交数的基数

在日常的线下经营当中，不同行业客户的成交量大多是由"访问量"决定的。"访问"包括电话营销、线下走访、派发传单等方式，可能拜访100个客户，有5个成交，可能打100个电话，才有1个意向。不管概率大小，这是一种积量的过程。

线上的推广也同样如此，1000个流入访客量，可能达成1%或5%的成交量。如果没有流量打底，想把商品卖出去，基本上很难。

从营销的角度来说，访客量及流量基数决定着成交系数。

2. 实体企业的发展重在日积月累的过程

有一家工厂，成立至今已有6个年头。突然发现，第6年赚的利润是前5年的总和，规模是初创期的10倍，也就是当时投资了200万元，现在总资产达 2000 万元，净资产约 1200 万元。

针对这种时限和体量的增长，可以简单地做如下总结：

（1）6 年来，该公司基本没有分红，前 5 年累积的利润接近 300 万元，利润全部放在公司。

（2）前 5 年累积的利润形成生产规模，加上银行的融资，规模扩大 10 倍。

（3）在公司的经营过程中，产品不断升级，从低端迈向高端，客户也从 1 家发展到了多家。

以上可以看出，该公司的规模壮大，首先是利润量的积累，转换成了生产规模；其次是客户量的增加，产品线的延伸，形成了产量规模。正因为生产规模与产量规模的量变，促成了企业发展壮大的质变，即到了第 6 年的时候，仅这一年获取的利润就相当于前 5 年的总和。

做实体企业，就好比滚雪球一样，从小到大，由少增多，一点一点地积累，最终越滚越大。

3. 品牌影响力及行业经验积累由长期坚持而来

体现一个企业的实力，除了生产规模、资本投入等硬实力之外，还有软实力，如品牌影响力、行业经验、高新技术等等。

企业的品牌影响力，同样也是需要时间与投入的积累，不是一朝一夕而来的。要想成为一个品牌，没有连续 5 年以上的时间和产品质量积淀，那等于就是空谈，充其量是一个商标而已。品牌的美誉度，是企业长期保证产品质量、做好客户服务、持续宣传推广而来的。

除了品牌影响力，衡量企业软实力的另一个重要指标，就是行业经验和技术的积累。这些同样需要时间与研发的投入，企业能否成为行业的标杆，除了品牌知名度之外，行业经验和技术的积累也是充分必要条件。

消费者之所以会购买这家企业的产品，除了对品牌的认知之外，更重要的是这家企业在产品质量上有着值得信赖的保障，是有行业经验和技术作为强大后盾和支撑的充分表现。

量变到质变，量变有两个度，一个是数量的度，一个是时间的度，两者相加，形成一种质变。创业与经营企业，也是同样的道理，有时候需要时间的坚持,做到一点一点地积累,当达到一定的程度后,才能呈现出规模,才能彰显企业的品牌影响力。

唯物辩证法认为,量变引起质变,质变又引起新的量变,新的量变发展到一定程度又引起新的质变,如此交替,循环往复,不断转化,这就是事物变化和发展的质量互变规律。个人接续成长如此,企业发展壮大亦然。

试错也是一种行为智慧

失败是成功之母。我认为这句话有两层意思：一是你不经历过失败的过程，就很难成功；二是由于你在失败当中吸取了经验教训，所以获得了成功。而失败则是错误的"代名词"。

科学哲学家波普尔把科学发现归结为"从错误中学习"。换个角度理解，在实验确认之前，谁也不能断定哪一种理论建构是正确的，就只能通过试错来寻找经得起实验检验的理论框架。这样的方法论智慧，通俗的表达就是：如果未来是未知的和不确定的，那么要找到通往未来的路径，就要允许多元尝试和不断试错，并以实践为标准来进行检验。

什么是试错？"试"是尝试，是在风险可控下的一种行为，比如我试下这水烫不烫，这个东西好不好吃；而"错"是一种结果，不成功、不对，就是错。

在我看来，试错是一种创新方式，是一种经营策略，是一种成本控制，是一种用人智慧。

1. 试错是一种创新方式

爱迪生发明电灯,经历了万次以上的试错,才找到钨丝发光发亮。试问，你不去尝试新思路、新策略，怎么能创新？你不投入新设备，尝试新研发，如何推出新产品，如何打入新产业？敢于尝试的过程，实际上就是不断创新的过程。

2. 试错是一种经营策略

每一个能赚钱的项目或产品，它的周期大约是3年。如果不尝试新的产业方向，不开发新的产品，不改变经营模式，那你的企业可能就会走下坡路，直到难以维持。在企业的发展过程中，需有近期、中期、远期的发展计划与相应的投入。对于中、远期的产品预期或投入，实际上就是一种试错的过程，只有不断地探索和钻研，才能寻找到一个产品周期或发展窗口。

3. 试错是一种成本控制

在对一个新的产品、新的创业项目信心不足，或是市场前景不是很透明、乐观的情况下，我们做小批量的投入，看看市场反应。这是一种可以控制成本的价值投资。

举一例子：一个创业者准备推出一款保健茶，计划初期投入50万元，他认为这是自己可控的、能支撑的风险投资。刚开始，他不会全面地铺向市场，找准一个点作为试错准备，即在某电商平台的首页投产品广告，一个月广告费30来万元。假如能成功，销售量上来，后期追加投资"水到渠成"；假如效果一般，那么所投的30万元广告费在他风险可控的范围内，而这一试错，就是一种风险成本控制。

4. 试错是一种用人智慧

试错可当作是一种识人模式，用人智慧。在管理的实践当中，作为总经理，假如亲自去做一件事，你的成功概率是100%；假如派某一下属去做，成功概率是70%。假设这件事情失败，不会对企业有重大的影响，那么这种试错行为你是否愿意去尝试呢？

如果是我的话，我会去做。其一，可以锻炼我的下属，提升他的综合素质；其二，可以清楚这个人的办事能力；其三，假如他能把事办成，我就能从这件事情当中"解放"出来，有更多的时间去做更重要的事情。

试错，其实也是"试对"，是一种行为智慧。任何一个老板，都要经历不同的试错才能走到成功。善用试错模式，可在控制成本的前提下，为企业寻找到新的发展机会。正因此，企业崇尚实干最重要的是要鼓励探索、允许试错，建立宽容失败的容错机制。

前置管理的应用

一、什么是前置管理

前置管理，就是把将来要发生的事项或资金活动提前做好布置和安排的管理方式。比如常见的预算管理、计划布置等，都应该纳入前置管理范畴。

前置管理既是一种思维方式，也是一种管理行为。

前置，实际上就是对未来的管理，是抽象地要求你根据当下的情况及数据，对未来将要发生的事物做出预判，以便提前做好计划和准备。简单来说，想法在前，行为和规定在后。

二、前置管理的三种模式

1. 流程管理（节点管控）

这种方式一般是企业为预防财务风险、品质风险及安全风险而采取的流程管控，又称节点管控。该流程管理只有执行了上一环节才能进入下一环节，比如生产品质管理，首先是原材料查验合格才会投入生产，待生产出来后再进行产品检验，最终确认合格后才运至仓库。

2. 量入而出（预算管理）

这种模式是相对财政预算而言，如国家每年的财政预算，根据财政收入及存档，做好当年的投资、开支等资金支付计划，避免大进大出、收支不平衡等情况。企业的运营和管理在这点上是相通的。

3. 目标计划（计划拆分）

企业为达到一定的业绩或成本控制，会制订一系列的计划，以逐步达到预期目标。其实，业绩计划的实施过程，也是业绩前置的管理模式。比如我们计划今年销量要达 1 亿元，那么每一个月的业绩基本要做到 900 万元，每个月照此推进，以见证年终业绩目标的实现，而整个过程就是目标的前置管理。

前置管理广泛应用于各项管理细节之中，特别是财务。比如预算管理、银行还贷计划、资金调度等等。及时有效地应用前置管理，会让你的企业在经营中更安全，特别是在资金的调度保障上，能合理避免现金断流等情况发生。

三、前置管理在财务中的应用——管控资金流

资金流，于企业而言无异于"命脉"所在，其重要性不言而喻。纵然销售再好，货款回不来，对企业来说也是"灭顶之灾"。

一个公司的资金管理，我认为应当像一个家庭的钱财管理一样，你要留存一定的备用资金，以备不时之需应急使用，避免资金流突然枯竭。讲句大白话，这就好比做好了自家的蓄水池，渴了就舀一勺来喝。

资金管控前置管理，我们可以采用以下方式进行：

1. 做好多家银行授信与合作

有些企业，常年只跟一家银行机构合作，资金往来及银行融资都"宅"在那里，这本无可厚非。但从企业健康可持续发展的角度来说，可以尝试着与多家银行进行合作，比如选择一家大的银行，再选择一家当地的具有一定灵活度的银行进行合作，同时都申请授信，最理想的是还有一部分可调用的信用贷款。

企业的资金需求，有些是长期，但更多的是短期周转，灵活的短期借贷资金，有利于企业在业界保持一定的经营信誉度，有时也可解燃眉之急。

2. 加快资金回笼及控制应付账款支出

销售应收款及采购的应付账款，最理想的状态就是能做到账期平衡，即客户的应收账款周期低于或等于供应商的应付账款周期。

然而，大部分的中小微企业一般的应收款账期为两三个月，原材料付款是现款或一两个月的账期，这一差异就需要更多的资金调动。这时候，就更要做好资金的规划，需要延长应付账款的期限，以调节公司资金周转期。

3. 慎重对待重大投入，避免短债长投

每一个做生产企业的人，都有一个"大众"情结，那就是希望某一天在自己的工业用地上建起自己的厂房。虽然土地、厂房是重资产，但也是银行"钟情"的抵押物。大家普遍认为要想方设法筹得资金，尽快把厂房建设起来，再拿到银行去抵押贷款，这样就可以对冲租金和银行利息。

对此，我不这么认为。我觉得大家还是应当慎重对待重大项目或重大资产投入，以免短债长投。买土地建厂房不是不可以，但一定要有相当的积蓄，起码要有50%的自持现金；同时要有良好的市场预期，否则不要轻举妄动。

企业经营和资金流能否正常，实际跟行业的大形势及大市场的波动有关。在遭遇波动时，我们能否做到独善其身，这需要经营者的智慧以及经营策略方向的精准研判。

前置管理，实质上是预见管理的落地应用，以避免重大事件的发生，将未来放置于现在的管理下。

第十章

人力管理

● **本章导读**

　　企业的经营与管理，基本就是人的管理。用好人、用对人、做对事，企业已经成功一半。

　　人力的管理，不外乎根据企业的发展需求，量才而用，以及名与利的分配而已。但往往是谈者易，而实施难。单单一项人才选拔，千里马常有，而伯乐难得一见。

　　如何用人、选人、带人？在这里，可以明白企业的人才是随企业的转型而迭代，支持新任的管理者是有模式可循的，专业人才的考量是可以量化的，培养人才是可以从心智来启发的。

　　或许你将见到另一种人力管理导向！

财散人聚的思维

"财散人聚"由《旧唐书》中的"财聚人散"演绎而来。通俗地讲,"财聚人散",是你把所能赚到钱或收益都归于自己手中,他人就不会追随于你;"财散人聚",是你把赚到的钱及利益分给该分的人,自然就能笼络人心成就伟业。

于春秋世道,这种"财散人聚"的方式发挥到了极致。朝中重臣,如吕不韦、蔺相如等权贵,豁达笼络一批门客,只要有才华者,均奉为座上宾。

于三国时期,这种"财散人聚"的实践被追奉为经典。《水浒传》中,宋江人称"及时雨",名号是非常响亮的。宋江的名望来自他的仗义疏财,急人所难。宋江摸准了江湖中左右"义气"的那根物质神经,经常仗义疏财。每次花钱救难,都建立一个口碑;然后借助江湖传闻,迅速打响"及时雨"威名,建立了一个庞大的人脉关系网络,最终成为梁山英雄谱的头号人物。

于今世之秋,这种"财散人聚"的市场实操成就商业传奇。如华为"掌门人"任正非在集团股份的占比是多少?全员持股的商业模式,在多少大集团公司得以施行?

…………

林林总总,皆为"新时代"的仗义疏财。

确切来讲,如何能使一个团队凝心聚力,共图伟业,那一定是有共同的目标追求和共同的利益驱动。要不为名,要不为利。此名为大家的价值追求;此利则非主导者个人之利,应是团队成员之间的"雨露均沾"之利。聚团队之"人",自当散他人应得之"财"。

随着时代的不断变迁,"财散人聚"模式的内涵不断丰富,方式方法也饱含时代韵味。下面，我们就一起来做个了解。

（1）绩效激励：完成多少目标任务就给予相应奖励。

（2）合伙人制：将团队成员变成合伙人，设立合伙公司，共享利益。

（3）设立干股：对于一些核心成员，通过干股或期权的方式"巩固"团队。

（4）派发红利：企业主隐性地向团队某些成员派发红利等。

财散人聚，不是教你散尽自己的家财，分配掉公司的全部股权，而是合理分配既得的利益或预期的利益。通过这样的方式方法，去激励下属及团队。

激励也是一把双刃剑，我们曾见过有的企业或公司在获利之后，因存在激励公平的问题，导致团队核心成员产生意见，甚至另起炉灶，硬是由团队一分子变成了竞争对手一枚。

财散人聚，理念为上，守度为安。

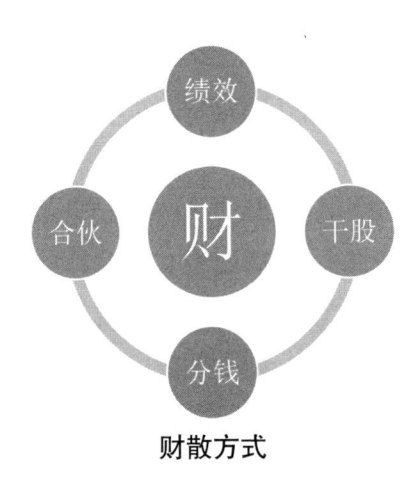

财散方式

企业的转型与人才迭代

人才工作既要立足当前，更要着眼长远。

历朝历代，一朝天子一朝臣，有时候可能是一朝天子几朝臣。看汉朝的刘邦，得天下之后，韩信等一辈人结局如何？宋太祖赵匡胤的"杯酒释兵权"又该如何解说。

企业的发展何尝不是这样。谈及企业的人才迭代，心情难免有些沉重。不是你在企业被老板转岗或辞退，就是老板正准备更换一名没有功劳也有苦劳"老人"。

事实就是这么残酷，正所谓商场如战场，你自己不做出改变，自然有人来改变你。

企业的发展会经历不同的阶段，初创期是一种粗犷式的管理模式，做事的可能是你的合伙人，抑或亲戚朋友之类。过了初创期，进入高速发展期，此时需增补相关的专业人才，开始规划各部门的归属管理。再后来，企业发展进入一个稳健期，跻身规上企业之列，这时候需要的则是专业化、精细化的管理模式。

在此基础上，如果企业想要取得进一步发展或想上升到更高层次，必须要有战略型人才、高素质的财务管理以及诸如总监之类等强大的人才支撑。

企业转型升级，人才迭代是"必由之路"。企业所处的时期、层次不同，所匹配的专业人才、管理需求也相应不同。如果企业无法及时妥善处理人员迭代的问题，这一"瓶颈"将会持续制压企业的向上发展。

而作为管理者要明白如何才能不被替代，途径只有一条，那就学习，通过不断的学习来提升自我，与企业共成长、同命运。否则，不管你身居何位，终有一天会被企业所抛弃，被时代所淘汰。

凡事尽然也不尽然。如果你一直保持着提升的状态，而你所在的企业却没有转型升级的动力和实力，那么它也有可能被你所抛弃，这是一种双向选择，企业在选择你的时候，你也在选择企业。

企业转型，管理进阶，人才迭代，这是企业不断发展壮大的必然经历。对当事人来说也许是现实和痛苦的，甚至有时候连企业主都要背负"忘恩负义""过河拆桥"的骂名。但是，企业不经历这样的"阵痛"，就可能要面临"消亡"的威胁。

要么顺势转型迭代，要么逆势停滞不前。"拷问"的是企业的抉择。

企业转型 → 管理进阶 → 人才迭代

企业人才迭代趋势

老板如何支持新任管理者

企业在人才迭代的过程中，就不断会有新人充实到所需部门中去，甚至新增相关部门。如何带好这个团队，管理好这支队伍，对于部门主管来说是一种挑战和考验。

试问下，企业主在提拔一个主管或者是委任一个管理的时候，是否会给予他相应的配套支持，还是只颁发一份"委任状"。如果你委任的管理者能力超强，企业主是可以完全"脱手"，任其自由发挥、掌控。但是更多的时候，管理者是需要企业给予系统的支持和配合才能"驾驭"得了的。

对于新任管理者，如何让他实现行之有效的管理，是有模式可循的。

在古代，委派朝廷大员到某地任职，一是有"官凭"，就是授予官员赴任的凭证，类似于现在的委任状；二是有官印；三是有对应的规格，乘坐几台轿，随从多少人，鸣锣开道；四是享有与官阶对应的俸禄，俗称工资福利；五是可行使的权力，如任命或革职等权限。

你看，一个朝廷大员的赴任，排场有了，威信有了，名分有了，甚至大权在握，这种情况下谁敢不听、谁敢不从呢？

类比对照一下你任命的管理者，不管是公司高管，还是部门主管，都应该给予配套的支持举措，以帮助他们树立威信、带好队伍，从而实现有效管理，提高"生产力"。

1. 既要给名，又要给位

名是名分，就是委任书，位是地位，就是别于他人的"待遇"。不但有官方委任的"背书"，也要有身份变化所带来的"尊崇"，如个人薪酬的增加、办公区域的设置、活动席位的摆放等等。

2.除了名位，还要赋权

有了名与位，也需要一定的权，比如审批权、报销权、奖惩权、人事权等，有名而无权，威信如泡影。

赋予的权力清单中，对于给下属加薪或奖励的权限要明晰和给足，这或将直接决定是"虎狼"团队还是"绵羊"团队。

3.尚方宝剑，不时之需

"尚方宝剑"，这里专指特权，以备非常时期的不时之需。当公司要整顿某部门或是快速提升某部门的时候，必须给管理者一个特权，即杀一儆百、立信立威的权力。当然，这种特权也是有时限、层级制度制约的，绝不可挣脱制度的牢笼。

不同层级、最大限度地支持新任管理者，在某种程度上也体现了企业高层的驭人之术。加持了"名""位""权"，说你行，你不行也行；剥夺了"名""位""权"，说你不行，你行也不行。

"名""位""权"，外加"剑"，作为新任管理者，你"标配"了吗？

新任管理者权威建立框架图

专业：事半功倍的推进剂

事半功倍与事倍功半，虽说是四个汉字的不同排列组合，序列不一，意思截然不同。

于企业，必须要搞清楚哪个阶段用什么层次的人才，哪个岗位用哪类人才。更重要的是，要把合适的人放到适用的岗位上去，这就是专业性的匹配，俗称专业对口。

我们在经营企业时，最怕的就是外行充内行，不懂装懂。有些人说起来天花乱坠，做起来一塌糊涂，既耽误了时间，又浪费了资源。

专业的人做专业的事，是经营企业好坏的关键所在。对于这个感悟，我想和大家分享自己的一些切身经历。

我曾经开发过日用化工等专利产品，经营过环保节能灯等项目……结果都没有实现预期目标。回顾总结这些"成长"经历，症结就是没找到专业的人才，做细分专业的事情。解决了产品的技术生产问题，却没有找到专业的销售团队去跑渠道、开销路，给后续的经营带来了沉重的打击，最后所有投资血本无归。

还有一个项目，是生产手机导光板，与一家周边上市公司做配套服务。随着客户需求与产品品质的升级，原有产品的技术标准已不能满足客户的需求，而在厂的技术工程师虽已有两年的技术实践，但对于客户的新要求、技术的难点，始终无法解决。眼看着订单逐渐被客户转移到其他厂家，该项目停线在即。

无奈之下，我从其他公司找到一名专业的工程师，同样的生产模具设备，在生产工艺做出调整后，短短两个月的时间，困境解除，订单逐渐回流。

经营企业，第一，启动项目的先决条件是要找到专业的人才。作为一个创业者或经营者，很多时候会因人工成本而与专业人才失之交臂。这种"精打细算"其实一点也不"精明"，节省的这点人工成本，与专业人才创造的价值相比，简直不值一提。

第二，严禁专业的事由非专业的人来做。在我们的经营管理当中，很多时候受个人感情、平衡关系或论资排辈等相关因素的影响，会把一些非专业的管理人员安排去掌管专业的事项。这往往是企业高层的用人导向出现了问题，经营企业一定要避免，甚至杜绝外行指挥内行的情况出现。否则，时间一长，往往就会积攒许多问题，如在生产的品质、流程，销售的产品定位、市场拓展等方面。一旦暴发，其危害性可能是塌方式的。

千金易得，一将难求。人才是第一资源，古往今来，人才都是富国之本、兴邦大计。企业要经营发展好，就要聚天下英才而用之。企业要想干出一番大成就，就得寻觅人才求贤若渴，发现人才如获至宝，就要有这种眼界、这种魄力、这种气度。

这是珍惜和善待人才的应有之义，切实之举。

三个臭皮匠 ≠ 一个诸葛亮

千金易得　　一将难求

专业人才的特性

量才而用的用人导向及专业人才的四个维度

与人相处，要看他人的长处，而非短处。企业用人亦然。

在企业管理与人力资源调配上，每一个合格的管理者都会注重用人所长，人尽其才。因为，每个企业都希望每个岗位的员工能充分发挥专业特长，在公司的发展当中有所担当，有所作为，进而成为大家眼中的人才。

那么企业又是如何界定人才的呢？在我看来，人才是在某一领域的专长高于普通员工的群体。从所处岗位来说，他们可以是技术骨干、高层管理或销售精英等。从专业维度来讲，他们应该具备专业度、精研度、创新度、独特度。

专业人才的四个维度，究其有哪些内涵呢？下面，我们就一起来扒一扒。

第一维度：专业度（技术型）

专业度，我们可以从以下几个方面进行考核评估。

①学习：就是学历及相关的培训经历，或者不断获取相关专业知识的能力。

②岗位：是否在该专业领域主过事，或者担任过负责人。

③经验：俗称资历，有多少年的从业经历，处理过哪些有代表性的案件。

④企业：所属企业的类型，是小企业还是行业中的龙头标杆。

通过上述四方面的考核，基本上可以评估确定该人才的专业度，也可以判别其能否胜任公司岗位。

第二维度：精研度

我们通过第一个维度，基本上可以判定该人才的岗位驾驭度。后面的三个维度，是对个人才能更深层次的评估，即这个人才是否具备推动部门及企业高质量发展的技术能量。

精研度，主要体现在专业技术的深度及认知的广度，以及对这个行业的见解。

①专业深度：在行业里，有没有自己的"独门绝学"，或者专著立书，做到人无我有，人有我精，人精我专，为常人之不能为。

②认知广度：考量的是你的专业接触面有多广，在技术上能攻克多少难题，在管理上处理过哪些案件，从不同层面来体现你的能力。

第三维度：创新度

到了层级，这个人可以称为"准人才"。创新能力主要有以下具体体现：

①设备创新：在生产或管理当中，能通过一些设备工具，包括自动化、信息化等技术工具或管理工具来推动企业的创新。

②流程创新：能自我制定生产或管理的相关流程，提升企业的效率及管理能力。

③模式创新：能打破传统的方式方法，推出新的行为模式。

④思想创新：要不断解放思想，敢于创新，不断尝试新事物，践行新理念，在创新中发展。

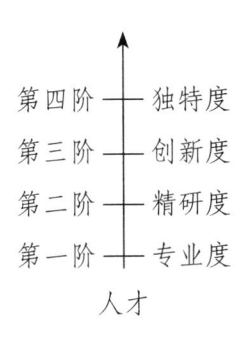

```
第四阶 —— 独特度
第三阶 —— 创新度
第二阶 —— 精研度
第一阶 —— 专业度
   人才
```

专业人才四阶论

第四维度：独特度

所谓的独特度，是专业与技术及个人品性的结合，形成一种处理事情的个人行为模式。

①独：有自己独到的见解及方式方法。

②特：个人不可复制的判断力及决策力。

以上是人才的不同阶层，它可以是技术岗—主管—经理—总监的不同层次。

千里马常有，而伯乐不常有。我们做企业管理的，首先是要知人，然后是用人。知人，可以采用"专、精、新、特"的评估模式，来评价人才的专业度。而用人，则应量才而用，人尽其才，如有较高水准的人才，却被放在了无法让其创造应有价值的岗位上，这无异于一种浪费，而且是让人极度痛心的浪费。

主导者与追随者

在我们企业的日常经营管理当中，无外乎两类人，一类是主导者，另一类是追随者。所谓的主导者，就是对事务有自己的想法、规划和定位，通过影响力或权威性主导事务的发展方向和成效。而追随者是跟随主导者的"理念"及规划付诸实践的群体或个人。

就特征而言，主导者有三：一是对某件事或某一群人负责；二是有计划、有目标、有落实；三是相对于某一个企业、部门、团队或者项目的特定范围内，具有"掌控"态势的行为。

从特定意义上讲，企业的部门主管一般就是所在部门的主导者；董事长或总经理则是严格意义上的企业主导者。

当然也有例外，有时候部门主导者不见得是部门的主管，也有可能是所在部门中的某一位员工；而一个企业的主导者也或许是董事长或总经理之外的另一高管。因为主导者是个人领导力的实质体现，而职位只是一种表象，职位的高低与领导力的强弱在某种程度上不能绝对地画等号。

我们在一些工厂中经常会发现，有些员工虽然不是主管，但是在团队中却具有一定的影响力，能调动整个团队的主观能动性，甚至拥有绝对的"号召力"，一呼百应。那么，这个员工就可以认定为这个团队的主导者。

而有些部门的经理或主管，虽说处在领导岗位，但基本是听命于上级的安排，俨然是一个"传话筒"，没有任何思想和主见可言。有领导之名，而无领导之实，这样的主管没有起到主导者的作用，充其量只是某位领导的追随者而已。

主导者会不会变成追随者，追随者又能否晋升为主导者？

专业型人才与管理型人才能否成功转型，一个最显著的特征就是能否从追随者变成主导者。

追随者一般不会肩负企业或部门发展和管理之责，不用去做统筹规划之类的事务，他们没有相应的责任与担当。而作为主导者，则应站在公司或部门全局的高度去谋篇布局，去统筹协调，要有做决策的领导力和责任感。有些专业的技术员，虽然跻身到了管理岗位，但是思维能力没能做出相应的转变，不具备领导力，那自然也成不了一个称职的主导者。

只有具备领导力的管理者，才是真正的主导者。不可否认的是，主导者也是有象限约束的，具有特定的范围局限性。企业有企业的主导者，部门有部门的主导者。部门主导者相对于企业来说，既是企业的追随者，又是所在部门的主导者。

主导者	追随者
决策	执行
担当	责任
有追随者	无追随者
对团队负责	对个人负责

主导者 VS 追随者

如何培养团队成员——心智启发

个人的成功，一是看你个人的成就，比如你的企业规模、个人学术、道德修养等；二是看你的团队，你的追随者，看在你身边有没有"左膀右臂"的能者，有没有团结协作、执行力优良的团队。

当今时代，是一个休戚与共的时代；当今世界，是一个命运共同的格局。

如果你还想仅靠一个人的单打独斗成就一番事业，这基本上是不可能的。要想在某项事业上有所成就，我们需要不同资源的整合，需要一个团队的齐心协力。

这时候，团队成员的思想、素质、能力、行动等综合素养，决定着你事业规模的大小与成功的概率。

那么，团队成员及管理者的综合素养又是如何"练就"的呢？我认为，一半是他们个人本身能力的体现，另外一半则是来自团队的互补及团队主导者的领导力与对团队成员的培养。

其中，团队主导者的领导力与对团队成员的培养是相辅相成的，你若能带出一批心仪的追随者或培养出一批优秀的团队成员，这自然是你超凡领导力的直观体现。换言之，如果你把团队带成一盘散沙，毫无战斗力和执行力可言，试问谁又能相信你的领导力？正所谓，兵怂怂一个，将怂怂一窝。

事在人为。人为，指的是主观能动性的发挥所带来的行为结果。其中，主观能动性对应的是意识形态，行为结果对应的是实践范畴。企业该如何通过意识、行为的提升与塑造，从而培养出好的团队和忠诚的追随者呢？

教育、培训、学习、交流、考察……大家可能对于这些行为模式如数家珍。

其实，意识的提升与行为的塑造不外乎两种方式：一种是言传；一种是身教。言传泛指教育，比如入职培训、专业培训等等。而身教呢？则是泛指实践，如一些实操性的培训、技术要领的操练等等。

还有一种特定意义的身教，特指意识的灌输和行为的示范。其身教的场所在于日常生活、介于工作之中，通过自己的言行举止进行熏陶教导、培养，乃至"润物细无声"。这种身教更为"走心"，举手投足间，让人启发心智，即从意识上、思维上、行为上都能切实提升改变。

这种特定意义的身教，有哪些要义，又有哪些内涵？我们就来满足一下大家的"求知欲"，往深里扒拉扒拉。

1. 给机会

给什么机会？给试错的机会。

一个人，没做过，又不给尝试的机会，这就好比公司的一个员工，刚学会开车，拿到了驾照，你愿不愿意让他开你的宝马车或奔驰车呢？

往大了说，假如公司有个新项目，你是否放心让团队的某个人去全权负责。当然，你的这种安排应在风险可控的范围之内。

这就是一种试错机会，一种新的事物，你没尝过，但要给敢于做"第一个吃螃蟹的人"尝试的机会，哪怕承担一些失败的风险。因为一些事情，如果没有经历过，就没有相应的处事能力。

当然，试错是有成本的。每一个获得过试错机会的人，都应感谢那个给你机会、愿意为你承担风险的"恩人"。面对这样的试错机会，你不要只把它当成是一种考验，更应把它看作是一种培养与学习，成为人生成长的有利阶梯。

2. 给思维

一些能力突出和主观能动性强的企业管理者，在开会的时候，更多的是向下属进行"填鸭式"的工作安排和理念灌输，下属只能是一种"被动"的接受，就算有再好的想法也无从表达。这样的管理者，是无法把团队和追随者带往更高层次的。因为，长期处于这种境况下，企业所有职员永远只能是追随者，压根没有成为主导者的可能。

优秀的管理者，除了自身的言传身教之外，更为重要的是要有启发心智的意识，让下属及团队成员形成主动思考的思维模式和自觉实践的行为模式。

要想让大家形成主动思考的思维模式和自觉实践的行为模式，我们可以从以下几方面进行尝试：

（1）动嘴能力，开会时让大家都有自主发言的机会。兼听则明，每次开会应当让团队的成员就自己的岗位及企业的问题发表个人的意见建议，于开会日常中锻炼员工的语言表达能力，并为企业主掌握全局动态提供信息支撑。

（2）思考能力，提出问题也要拿出解决问题的办法和举措。在日常工作当中，对提出问题的员工要予以表扬，并要鼓励员工提出解决问题的方案。不管解决方案是否切实可行，都应该给员工独立思考、独立解决问题的机会，这样无形之中也提升了员工解决问题的能力。

（3）决策能力，让成员参与企业事务的决策，提升个人的决策力。有些事务的决策，可尝试让团队成员参与，并提出相应的计划方案。给予团队成员表现的机会和增强决策能力水平的实践，这不仅会增加他们的职业归属感和集体荣誉感，让他们切实感觉到"我重要"，从而增强责任担当，强化工作自觉，融洽同事关系，凝聚发展合力。

3. 给榜样

榜样的力量，这是团队主导者或企业领导者个人言传与身教，用自己的一言一语、一举一动去影响和带动团队成员及其追随者。

（1）定力与信心。越是经历过大风大浪的人，在困难和逆境面前越是闲庭信步。有些企业主在经历困难的时候，脸上不见愁容，什么时候都是自信满怀，从容淡定。这能给团队带来什么，传递什么能量？它带来的是一份定力，一种信心，一种知难而进，大雪压青松，青松挺且直的乐观精神。这于企业而言，无异于一根定海神针，可稳定"军心"。

（2）传递正能量。一个企业主是否热心社会公益，其言谈举止是不是传递着正能量，能否成为团队的榜样？员工在谈及他们领导的时候，是否带着钦佩、尊敬的语气等等，这些都是企业主领导力的表现，也是对一个团队最好的教育。因为，作为企业"领头雁"的你给他们树立了一个榜样，设立了一个标杆。在这种精神力量的感召下，团队将因你不带而带，不教而教。

（3）良好的作风。领导者日常工作和生活的作风，也会影响到工作团队的氛围。正所谓有样学样，"上梁不正下梁歪"，所以企业领导者的优良作风对企业的发展也是一笔无形资产，"上行下效"的带动效应是立竿见影的。

给机会，让你的团队成员有机会成长，知晓责任与担当；

给思维，让你的团队成员能主动思考，促成行动的自觉；

给榜样，让你的团队成员充满正能量，形成发展的合力。

心智启，则团队壮；团队壮，则企业强。人民群众是历史的创造者，"民心"所向，所向披靡，何愁事业不展，前程不锦。

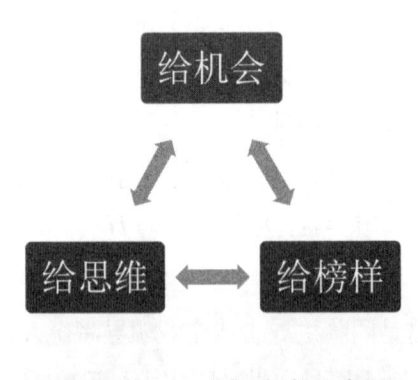

团队培养——心智启发示意图

社交：个人及平台能量对等的交换

一个人从某个岗位上退下来之后，感觉身边许多人对他的态度、亲近度与以往不同，好似"人走茶凉"。其实，他本人未变，变的是他的平台，他的身份，他的资源。可预见的是，未来他的交际圈也必然随之改变。

企业主大多希望能同行业的大佬"接上头""搭上线"，也希望能与当地的领导混个"脸熟"。所以，大家都会参加相关行业的协会或区域性的商会，希望借助平台可以多认识一些有能量、有实力的企业家和当地政要。

在实际的交往中我们会发现，在一个大圈子里，你可以认识到、见到那些你想见的人，但是你无法做到进一步的交往、交流，你很难融入他们那个层次的小圈子。

这是为什么呢？简单来说，就是你的综合实力、能量级别还没达到该有的层次。讲句大白话，就是你的平台、你的身份、你的能力与这个圈层不对等。

社交圈又该如何进行有效的交流交往，大家接着往下看。

1. 所处平台是平等对话的基石

平台，在这里我们特指你的经济、文化、背景基础，也就是你拥有什么企业、多少家底、哪些资产。

举个例子，人家有十亿元的资产平台，而你却只有1000万元的资产。这种话语权能对等吗？答案很显然。人家拿出1000万元的资金进行投资，只占总资产的1%，九牛一毛而已；而你拿1000万元来投资，则是押上了全部家当。可想而知，这是很难实现平行交流、平等对话的。

这种境遇，在我们的现实生活当中很容易找到"原形"和"注脚"。静心琢磨一下，原来经常在一起聊天喝酒的朋友，突然有一天公司上市了，成了上市公司的董事长。慢慢地，发现人家没时间接待你，没时间与你喝酒聊天。再后来，你会发现即使聊天，你们都没有了共同话题，人家聊的是亿元计的项目和产业，说的是资本市场的运作，而你谋划的是市场营销那点事，层次发生变化，平台落差悬殊，交流已不在同一"频道"，"格局"亦非同等大小。

平台实力高低，决定着你的能量级和话语权。

2. 个人身份是你迈进社交圈子的门槛

同等级的平台，还要有与之相匹配的身份。打个比方，对方是某某上市企业的董事会主席，如果想要与对方平等对话交流，那么你的身份自然也应是同等重要级平台的掌门人，即级别对等。

个人身份，在这里我们特指职位、权威、实际掌控范围与能力等。

如果你是一位掌控百亿千亿资产的企业实际控制人，所到之处洽谈商业投资，当地政要都会会见。这就是"平台+身份"与之对等交流的"敲门砖"。

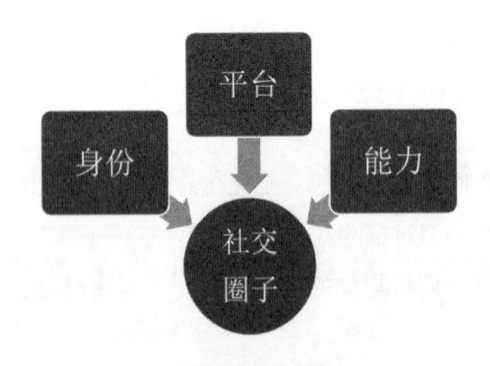

社交圈子的形成

3. 个人能力与特性决定圈子的融合度

我们进入一个相对等的圈子里，虽说可以平等地交流与对话，但你在该圈子待得好不好，时间有多长，这就要看个人能力及其性格特征。

个人能力，指的是学历、知识面、阅历、为人处世等方面的综合能力。而特性，则由个人的性格特征及行为特征构成。每个圈子的人都有不同的品格特性及行为模式，能否融得进、聊得来，这就因圈而异、因人而异。有可能是你看不上这圈子，也有可能是这圈子容不下你。

其实，人可以活得更自在，在所对应的圈子享受那份美好。如是小鸡，可以在大地上嬉戏；如是小鸟，可以在树枝上歌唱；如是老鹰，可以在天空翱翔……

不同的圈子，相同的快乐。

第十一章

时间管理

● 本章导读

　　一般的时间管理，更多的是体现在自我管理与规划上。在我看来，这并非真正、有意义的时间管理。

　　时间是有成本的，时间是有价值的。在管理自己的同时，可以通过管理他人来掌控自己的时间；可以通过自己的行为方式来节约时间；也可以通过自己的习惯与素养让时间更有效率。

　　运用得好，别人做一件事，你可做十件事；别人管理一家企业累得要死要活，你可以管理好十家企业，还有时间做自己业余爱好的事。

时间成本——轻重缓急

我们常说,事情要分轻重缓急,这样才能在有限的时间内,取得最大的效率。换言之,轻重缓急实际上是一种时间管理方法。

《管子·国蓄》言道:"岁有凶穰,故谷有贵贱;令有缓急,故物有轻重。"这是轻重缓急的来历,缓急是时间的迫切度,轻重则是事项的成本度。结合这两个维度来说,轻重缓急就是在一定时间内的事物成本结构,即时间成本。

相信大家都知道帕累托的"二八定律"以及衍生出来的 ABC 分类法。这个是对某项事物的重要性及发生率进行归类。而轻重缓急法则是时间与事物的归类与处理,是动态与静态的结合点。

具体的量化和分析方式可按照以下两种方法进行。

1.三级量化法

不妨用一个二维图(如下图)来形象地量化具体内涵:

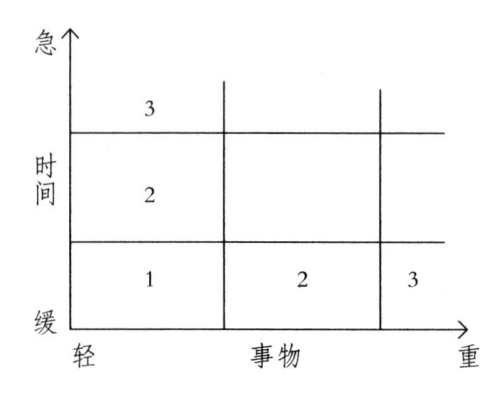

量化方式：

每件事项的重要度分类级：1、2、3

　　　　急缓度分类级：1、2、3

3级　　急重 3×3=9 分　　A 类

2级　　适度 2×2=4 分　　B 类

1级　　轻缓 1×1=1 分　　C 类

1、2、3级的分法也可参照 ABC 分类法进行归类处理：

A 类为重要、紧急事务；

B 类为适度事务；

C 类为轻缓事务。

2. 财务成本分析法

（1）缓急——机会成本

缓急，就是事件对于时间的重要度，可通过机会成本的模式进行量化。什么是机会成本？也就是你做某件事的收益成本或放弃某件事的成本。

那么，缓急对机会成本又是什么概念？对于做一个事情来说，在同一个时间内，我做这件事的价值要高于我去做另外一件事所付出的成本（机会成本）。

举个例子说明。你现在准备同朋友去约会，半路上，突然有客户打电话让你去谈一笔业务，可能是 100 万元的生意，利润在 10 万元左右。

这时候，机会成本就体现出来了。如果你选择去与朋友约会，单纯用金钱来衡量的话，可能值 1 万元的价值；如果你去同客户谈业务，可能会赚取 10 万元的利润。你一权衡，还是打个电话给你朋友，说下次再约，现在有急事要处理。

在这个问题上，你的"急事"值 10 万元，你放弃了一个见朋友的机会，这个值 1 万元。10 万元的价值远远大于 1 万元，这个就是机会成本的比较法。

（2）轻重——沉没成本

那么，另外一种层面的轻重又该怎么算呢？这个就属于沉没成本的算法。

什么是沉没成本？通俗地说，就是你为了达到一个目标，已经走了99步，就差最后"临门一脚"，如果你继续走下去，那么这件事的成本是100步；如果你放弃了，那前面的99步就是你的沉没成本。

我们继续结合上面的这个例子来说明。假如你同朋友约了半个月的时间，才约定好这次见面。而你同客户则是对接了半年，这过程还花费5000元请客吃饭，现在客户想跟你见面谈合作。我们可以来算下两边的沉没成本：

A. 朋友的沉没成本是15天时间。

B. 客户的沉没成本是180天时间+5000元现金。

相较而言，哪个重要？当然是客户的事情重要。如果你不去谈这笔业务的话，损失的成本相对于与朋友见面就是12倍的时间天数+5000元现金损失。为此，你当然是选择去见客户。

（3）结论——维度差异

急：因为这个客户的收益远大于损失的机会成本。

重：这个客户不去见，损失的成本要远远高于我去见朋友的成本，两者相加，这是既急又重要的事情。

现在大家明白了吗？我们基本是从这两个维度看轻重缓急：一个维度是时间，代表的是急缓，代表的是机会成本；另一个维度是事物，代表的是轻重，代表的是沉没成本。

科学有效的时间管理，会让你工作更愉快、生活更自如。

时间价值的体现——选择可积累的事业

一寸光阴一寸金，寸金难买寸光阴。

时间的价值无法用金钱来衡量。那么，我们又该如何才能让时间具有长期的价值呢？

我有一个朋友，是一家药品生产企业的董事长，他说过一句让我记忆犹新的话："做事业，一定要做可以积累的，也就是你今年做的事情，明年可在这基础上再上一个台阶，这样的话，通过几年的积累，你的事业就会小有成就。"

诚然，在不同的业态当中，我们经常会看到一些做不大的企业或门店。因为他们的客户是没有关联度的，靠的是营销人员的推销或地段的人流量。

正如我那个朋友所说的，他的药厂业务、规模是一个不断积累的过程，每一年基本不会有大幅的变动，销量保持着百分之十几的增长。经过十几年的积累，资产从几千万做到了几个亿。

是否可积累？在我看来，主要取决于产品或客户的黏度。

一个从事电视广告代理的老板，一直想转型，主要原因就是其产品对客户的黏度太低。今年开发的客户，明年可能只剩下了10%，来年又要重新发展新客户。这样周而复始，虽然能赚到些钱，但越做越对市场没信心。

畅销的产品，实际是让人有依赖感的。比如一些降血糖、降血压的药品，一吃上，后续市场自然生成。再比如其他的平台经济，使用人数呈几何倍数增长，每增加一个客户，就带给他们一份流量及一份数据，对平台来说就是一份增值。这些平台经济，就是可积累事业的典型代表。

当然，可积累的因素不仅仅是产品和客户的黏度，还和市场的竞争强烈度有关。

好产品一经面世，市场就会仿制或推出新品，这也是一个很大的冲击。这方面比较典型的就是各大品牌的手机新品的竞争，如苹果、OPPO、vivo、小米等，每个品牌虽然已积累了一定的客户群体，但是每年仍然会推出一些新品来吸引新用户和稳定老用户，从而达到量和质的积累。

做一件可积累的事业，可以作为我们创业或投资的一个选择项。在做这个选择项的时候，我们最好事先做个评估。

产品：客户是否有继续使用产品的可能。

客户：客户有无"回头"的可能。

规模：客户或订单有无拓展的可能。

问完自己这3个问题，基本上可以清楚自己的企业是否有可积累、可持续的经营。

时间也是成本，而且是一种重要成本。因此，管理时间最好从源头抓起，让自己所做的每一件事都有可积累的价值，以在最短的时间内累积到你所预期的价值或资本。

掌控时间的主动权——管理好"人"

大家有没有发现，在工作当中，有的人做一件事就忙得不可开交，还显得有点慌乱；有的人则能统筹兼顾几件事，而且是那么淡定和从容。

时间的管理有两种方式路径，一种是对事，我们称为轻重缓急管理办法；另外一种是对人，达到"致人而不致于人"的效果，就是牢牢掌控时间的主动性，管理好别人，就是管理好自己。

若能游刃有余地运用好这两种模式，就能"解放"出一定的时间去做自己喜欢的事。

1. 掌控时间，关键在于主动还是被动

唯物辩证法认为，"抓关键"是主次矛盾和矛盾的主次方面辩证关系原理的具体运用，我们在观察和处理复杂问题时，首先就要抓住它的主要矛盾，在认识某一矛盾时要着重把握矛盾的主要方面，这样其他问题也就容易解决了。

在这里，我想做个小测试：大家有没有让别人配合你的时间的经历呢？

很多人会说，我又不是领导，又不是老板，怎么可能让人家来配合我的时间呢？

如果你是这样的状况，那么你要么没事做，要么就是忙得不可开交。

实际上，不管什么人，除了流水线的员工之外，其他人都有时间主动权，都可以形成时间管理。

如果你的时间全部被上级安排好的话，那么你的工作时间是被动的，自然无法形成时间管理，这也就是我所指的流水线上的作业员工，他的时间管理是由自动化机械来完成的。

如果你的工作职务是办公文员、业务员、经理、管理者、企业主等，具有灵活性和主动性，那么不妨着手时间的管理。

(1) 由下往上管理，关键是如何化被动为主动

有些人，整天被老板骂，说一个事就做一个事，这是被动型；有些人，不用老板说，老板想到的，他已经做到了，想不到的，他也已经安排好了。同样是公司员工，一个人是被动干，另一个人是主动干。被动干的，要么闲死，要么忙死；主动干的，学会了在工作中"弹钢琴"，统筹协调好一系列工作，不慌不乱，张弛有度。

学会主动安排时间的员工，形成的是由下往上的管理，结果是成就了自我，也"解放"了老板。

(2) 由上往下管理，有授权有安排

还有一种是由上往下的时间管理。大家有没有发现，有些老板在外面很少接听电话，一个星期不去公司都不影响正常运转；有些老板一天电话不停，不是处理外拓业务，就是处理内部事务，好像离开了他，公司就运行不下去。

相对而言，第一种老板掌控了时间的主动权，而第二种老板是被动的，由公司员工或客户掌控着他的时间。

在这里，我更推崇掌控时间的主动权。当然，这种主动权也涵盖了老板对下属进行的管理授权，他们职责明晰，该处理的事情会责无旁贷地处理好。同时，掌控了时间主动权的老板也形成了管理别人时间的模式，让下属清楚何时、何事，该请示汇报，该向谁请示汇报。

2. 从行为上管理时间，形成个人习惯规律

管理好时间，一是要掌控时间的主动权；二是从行为上去管理好时间。

行为管理，其实就是人的管理。在这里，我们就是从管理时间的角度去说如何实现人的管理。要想做好，其实方式方法也是蛮多的。

(1) 有计划的安排

试问，一个董秘妥善地安排好董事长的出差行程，是不是在帮助董事长管理时间？

试想，董事长将行程安排告知直系下属，并做出相应的工作安排，这是不是在管理自己时间的同时，也在管理下属的时间？

董事长掌控着自己时间的主动权，统筹协调全局性的工作安排，把握自己的时间节点，掌控员工的工作节奏，这既是管理自己，也是管理别人。

（2）活动范围与时间轨迹的形成

有些老板一个人管理几家公司，有些高级管理员负责多个部门。按理来说，他们应该会很忙。但是，他们往往除了做好工作之外，还能有序地安排学习、休闲等事务。

这种从容有序的背后，得益于他们的行为模式和时间习惯。比如，他经常是在某个时间节点到公司，下属的汇报、会议的召开等都是围绕他的时间习惯来开展，从行为上控制了别人的时间，实现了对他人的时间管理。

3. 形成有节奏有规律的行为模式

在时间的主动管理上，要形成有计划、有安排、有规律的行事模式。

在日常生活及客户的交往过程中，你也可以形成自己的节奏及规律模式。比如，几点起床，几点睡觉，几点拜访客户，几点开会等等。要形成自己的节奏规律，并且让你的朋友、客户、员工等各种圈层人员知晓，以自己的节奏带动别人的节奏，形成行事模式。

时间的管理，关键要掌握时间的主动权。那么，如何形成主动权？关键就要在行为上管控时间。"双关键"敬请"双把握"。

时间有效性管理——避免重复处理同样的问题

一个问题，周而复始地处理，终究是一场徒劳，最后问题还在原地，付出亦是枉然。

在我们的日常生活中，你会发现有些人好像整天都在处理问题，但是问题却始终未能解决。比如，今天提出的问题，过几天开个会，说的还是前几天提的问题。这种管理，是一种无效的管理，发现问题却不能解决问题，这比没发现问题还让人揪心。

问题的出现，是不可避免的，解决问题又是必需的。而解决问题的途径，一是预防问题的发生；二是能快速有效地解决问题。

如何预防问题的发生呢？问题的发生，首先就是人的问题，其次才是事的问题。避免问题的发生，就是要在管理机制和人为处理事务的方式方法上进行考究。

1. 建立标准化的流程管理模式

业内有句"大道至简"的话，企业管理重在用制度管人，而非人管人。

在公司的采购、招聘、品检、生产流程、问题反馈等环节，都应建立标准化的流程模式，也就是把复杂的事务简单化，把对人的抽象管理模式具体化。用标准化的流程模式进行有效管理，具体的业务落实到人，该谁去对接就谁去对接，不存在推诿和扯皮的可能。这在某种程度上就能减少问题的发生，减少不必要的内耗。

2. 提问题的同时也应提出解决方案

我们在管理上，最怕的是只提问题，不做思考，不提解决方案的管理者或员工。

每一个员工或管理者，碰到问题时都应做以下三点思考：怎样才能解决这个问题？解决问题的方案有几种？我们是否可以创新途径来解决问题？

如果你的员工或管理人员碰到"拦路虎"，能做这样的思考，相信大部分问题都已经成为"纸老虎"，而剩下的极少部分问题则是非他们的能力所能及的。

系列的问题，经过标准化的管理模式、员工或管理者民智"众筹"的层层"过筛"，留给企业主来解决的问题应该很"寡"了。

3. 碰到问题要敢于"亮剑"

电视剧《亮剑》的经典台词：纵然是敌众我寡，纵然是身陷重围，但是我们敢于亮剑，一句话，狭路相逢勇者胜，亮剑精神就是军魂。剑锋所指，所向披靡。

这部电视剧感动了万千观众，因为它有养分，有力量。企业经营也是如此，作为管理者，不应惧怕问题，而是要把每一个问题看作企业发展和升级的一次机遇。面对这样的机遇，我们应该兴奋，应该有亮剑精神，这样才能产生解决问题的不竭动力。

敢于亮剑，这才是企业管理者面对困难和问题应有的姿态和气质。

4. 运用哲学思维"破题"

解决问题的重点，首先是心态，其次是方法。所有问题都有关键点。"一生二，二生三，三生万物。"反过来说是万物由三生，三由二生，二由一生。其中，一就是关键，也就解决问题的原点。

再者，如果碰到的问题难度较大，还可以采取分段、分区或者搁置的方式。通过轻重缓急的处理方法，先解决关键问题，再解决次要问题。

有时候为避免问题的重复发生，应该要拿出彻底解决问题的"治本"方式。任何"缓兵之计"的解决模式终难"一劳永逸"，唯有找到问题的关键点，方能"根除顽疾"。

5. 养成要解决、会解决问题的习惯

于问题而言，明日复明日，明日何其多。

今日事，今日毕。这是一种行为习惯，也是一种可取的行为习惯。今天的问题没解决，拖到了明天，明天又有明天的问题，长此以往，无休无止，不胜其扰。

作为一个管理者，应当养成见一个问题解决一个问题的习惯。解决问题，需要专人、专注，需要尝试不同的方式方法，要有"不到黄河心不死"的恒心和毅力。

问题不可怕，可怕的是每天都在处理同样的问题。如此这般，何言其他？

在企业这个"大家庭"，如果大家都想成为"清闲之人"，那么大家都要成为解决问题的"武林高手"。

节约时间的最佳方式——简单直接

我们在开会的时候，大家是否发现有繁文缛节的时候，一个话题老是说不完。也有时候可以在半个小时内开完会的，开了两个多小时还没解决问题。一个人浪费半个小时的时间，十个人就浪费 5 个小时的价值。我们能否把繁杂的东西及事项简单化、直接化，让自己有多余时间去做更有价值的事呢？

日本作家山下英子所著名作《断舍离》，实际就是一种简单化、直接化的思维。断绝不需要的东西，舍去多余的废物，脱离对物品的执着。

断舍离的思维只是简单直接化思维中的一种行为方式。现在我们进一步来探讨如何把复杂、无序的变成简单直接化，我们可以把这些方法方式应用于个人的处事上，也可应用于企业的管理运营上。

一、把模糊变成具体

简单化、直接化的第一个特征，就是可视化、具体化。不用你去猜测。这是一种表述的方式。是向左向右，是做还是不做。领导者应该改变模棱两可的说话模式，把问题点、目标指令说到位。

在企业的管理当中，目标应是明确的，具体责任人应是明确的，行动步骤计划应是明确的，完成的时间节点应是明确的。做管理者与负责者应具体地清楚自己在干什么，而不能做什么。

把时间、地点、人物、目标说清楚，基本就能把模糊变成具体。

二、把间接变成直接

两点之间直线是最短的距离，有效的沟通，是人与人的直接沟通；工作上的衔接是点与点的衔接；处理事情最有效的方法是直接面对。

我们应把间接的东西、事项，尽量改成直接的方式。企业中的授权也好，处理问题，人与人的沟通，应尽量直接化，减少层次衔接及中间环节。

而从经营来说，业务往来，最好能找到真正能拍板的人，如果经过太多的环节，沟通的时间会延长，产品的利润也会层层被剥夺。

寻找直接连接点，是最有效节省时间、节省金钱的方法。

三、把问答变成选择

一个客人进入一家餐厅，最好的服务并不是完全满足客人的需求，而是在一定的范围内给客人多种方案的选择。

如果没给菜单之前，你问客人吃什么？这是一个开放性的问题。起码有几百种食材可回答。你递上菜单后，客户是在几十种菜品中进行选择。

把问题变成选择，实际上是把开放的问题形成框架问题，而且是你设计好的框架模式。对客人来说，更能简单有效地完成点餐这一环节。

把回答形成选择，减少思索的时间以及判断的时间，在管理上可如此设计，在营销中更应如此。不是你能给客户带去什么，满足客户所有需求，而是客户可选择什么样的服务，什么样的产品。让客户尽快做出判断，达成合作或购买的意愿。

四、把繁多变成单一

每个人都有一个衣柜，每天早上，你都会思考穿什么样的上衣，配什么样的裤子。有些人还需考虑穿什么样的鞋子，搭什么样的首饰，化浓妆还是淡妆。

能否把繁多变成单一呢？苹果创始人乔布斯，在我看来就是时间管理大师。你看他的穿着，一直以来就是黑上衣、牛仔裤、运动鞋。把多种选择变成单一选择，你出门要花费半个小时的着装选择，乔布斯五分钟就能出行。他就是把繁多的事务变成了单一。这一理念不单在于他的生活，还体现于产品上，整个苹果手机，只有一个主按键。

把繁多变成单一，把复杂变成简单，把多项选择变成是否选择，这是极致的工作生活，也是极致的产品功能设计。

五、把无序变成标准

一个电脑硬盘，容量大的有上千 G，没有格式化之前，是放不了文件资料的。经格式化之后，在磁盘建立标准的磁盘记录格式，划分磁道和扇区。

个人的时间就像一个硬盘，如果你没有安排什么时间吃饭，什么时间做事、工作，什么时间休息、睡觉，那也会像一个没格式化的硬盘，什么事情也做不了。

把无序变成标准，一是一个人的工作时间安排，可以有计划、有顺序地去安排各个时间节点的内容，有序前行；二是管理的事务，可以变成制度化、流程化、计划化、标准化的模式，让工作、管理者有序可依，避免混乱的工作局面。不要像未格式化的硬盘，虽然有那么多的存储空间，但各种资料都找不到存放的位置。

把无序变成标准，就是将复杂理出条理，把例行变成流程，把实施制成计划。如果能做到这样，就会省心、省事，就可轻松地布置工作。就像我们身处迷宫，但每走一步都有箭头引导，少走冤枉路。

简单直接化，五种有效的解决方案：把模糊变成具体、把间接变成直接、把开放问答变成范围选择、把繁多变成单一、把无序变成标准。这不但是一种行为，也是一种思维，更是一种节约时间、提升效率的有效方式。它不限于个人，也可以应用于企业。把个人简单化，把组织简单化，把流程简单化，把生活简单化，把应酬简单化。说不定哪一天，发现没事可做，有很多时间去做你认为有价值的事。

第五部分

管理定律与经营哲理

第十二章

管理定律

● **本章导读**

　　管理定律有很多，我们都可以进行了解与学习。在经营当中，最常见的为"二八定律"，通过该定律，我们可以洞察众多的企业经营现象及做有效性的管理。

　　本章节中，除了"二八定律"，其余的三条定律则是作者在工作、经营当中的体悟。

　　"五五定律"阐述的是所有事物的成功与失败，50%是内因，50%是外因。

　　"70%可行的决策模式"，意为在商业经营当中，往往没有100%可行，没有绝对的零风险，对于商机把控、投资行为等，具有70%可行性即为可行。

　　"放风筝原理"，通过放风筝的条件与原理，讲述项目如何启动、拉升、管理。

　　大道互通，希望通过我们的实践，寻找到经营管理的规律。

"二八定律"在企业管理中的应用

作为一名管理者，无论是生活还是工作或多或少都会和这么一条定律"打交道"。它就是"二八定律"。

虽然前文对"二八定律"有所涉及，但未详尽解释。现在我们再来深入地了解一番。"二八定律"是罗马尼亚管理学家约瑟夫·朱兰提出的一条法则，以意大利经济学家维尔弗雷多·帕累托的名字命名，帕累托于1906年提出著名的关于意大利社会财富分配的研究结论：20%的人口掌握80%的社会财富。这个结论对于大多数国家的社会财富分配情况都成立。

"二八定律"，对于企业管理来说，是充分调动资源、把握主次的不二法则。

1. 不良产品产出分析

80%的不良品是从20%的产品中产生。

80%的不良品是20%的原因造成的。

真正原因、关键因素是什么：

80%×80%=64%

100%×20%×20%=4%

可能4%的原因，造成64%的不良品。

2. 客户分析

20%的客户占80%的销量。

80%的利润由20%的客户产生。

这就需要稳定你的重点客户，保持良性服务，以稳定收入来源。

3. 库存分析

货量 A　20% 的品类，占了 80% 的库存数量。

货量 B　80% 的资金，放在 20% 的原料上。

这是产品的库存体量及资金的占比，你可以从中再用 ABC 分类管理法进行分析，就能得出要重点管控的产品，从而调整你的资金及生产。对于资金占比较大的产品，应该加快周转率，降低产品的资金占用率。

4. 财务资金流分析

80% 的资金用在 20% 的事项中。

20% 的事项产生 80% 的资金流。

对主要项目及原料的管控，基本上掌握了一半以上的资金流出；而对重要产品及客户的收入管控，基本上也就管控了大部分的资金流入。

5. 内部管理分析

80% 的内部矛盾来源于 20% 的事情。

20% 的业务人员产生 80% 的业绩。

你永远要关注的就是 20% 的人与事。

6. 时间分配

80% 的时间需放在 20% 的事项上。你 80% 的时间只需关注 20% 的重要事务即可。

7. 交际圈

你的圈子中，80% 是不那么重要的，20% 才是人生的"良师益友"。

8. 投资与利润

80% 的利润产自 20% 的项目投资。

20% 的项目投资导致 80% 的亏损。

…………

诸如此类，皆可使用。

"二八定律"，旨在让你关注重点事项，分出轻重缓急，助力优化时间、精力、资金的使用。

"五五定律"

通过以上关于"二八定律"的表述,相信大家对此应该有所了解。但是,说起"五五定律"大家可能就会感觉有点陌生。

早在2000多年前,老子就告诉世人:"有无相生,难易相成,长短相形,高下相倾,音声相和,前后相随。"其哲理揭示着大自然的客观规律。

这里我们所要说的"五五定律",就是从老子的"有无相生"中演绎而来。意思是,一件事情的成功与失利,归根到底50%源于内因,50%在于外因的影响。

就拿人的一生来说,我们暂且不去追溯生命的本源,个人的生长是由自身机能的作用而来,这是内因。家人的养育,是外部的自然生长环境包括水、空气、食物等,属于外因。整个生长过程,内外因缺一不可,也就是一半对一半,即形象地称为"五五定律"。

再来看看商业环境,阿里巴巴的成功是马云一个人的事吗?绝对不是。阿里巴巴的成功,是阿里巴巴内在的机制(内因)+外部经济环境(外因)而成就的。

其实这就是"有无相生",有是本体,是内因,无则是外因。

我们在经营企业的过程中,对此深有感触。扪心自问,企业的成功,只是靠自己的技术和团队吗?当然不是,伴随企业成长的一定还有客户、供应商等外在因素。

诺基亚手机退出市场时,当时的总裁曾经说过:"我们没做错什么,但不知道为什么,我们输了。"诺基亚在智能手机时代中黯然离场,是让人想不到的一件大事,曾经在业界如此辉煌,如今却是来不及说声"再见"

的再也不见。

我们不可否认的是，诺基亚是一家伟大的企业，技术、人才、产品尚属世界一流，但是有更强劲的竞争对手，推出革新时代的产品，被外部环境打了一个"措手不及"，终难力挽狂澜。诺基亚的失败，50% 来自本体，为内因，而 50% 来自市场的技术革新与变化，是外因。

如果你主导的企业成功了，首先是要感谢你的团队，其次要感谢你的客户、供应商以及所有帮助过你的人。因为这份成功，50% 是外因所成，50% 是内因所致。

"五五定律"，即所有事物的形成与消亡，50% 是内因，50% 是外因。"有无相生，内外相成"，就是"五五定律"的核心要义所在。

70% 可行的决策模式

《论语·公冶长》:"季文子三思而后行。子闻之,曰:'再,斯可矣。'"意思是,季文子每件事考虑多次才行动。孔子听说这件事,说:"再借鉴以往的经验就可以了。"

在我们做商业决策当中,是没有绝对可行或绝对不可行的说法。我们以三思为 100% 来定标准,那么,思而再思就是 2/3 的量化标准,换算成数学比例就是 66.67%,即约等于"70%"的决策模式。

大家都知道,在公司的股权结构当中,超过 2/3 的占比,就是绝对控股。而在股东会议中,只要超过 2/3 的股东同意,按《公司法》第四十三条的规定,就可决定公司的合并、分工、解散等重大事项。也就是说在法理上,我们无法谋求 100% 的绝对可行度,可按照 70% 可行的决策模式去推动。

在经营的决策上,没有 100% 的绝对,70% 的占比已属于可控及符合少数服从多数的模式。而在商机的把控上,也应按照 70% 可行即可为的模式抓落实。

就拿项目可行性的调查报告来说,我们看到的报告,大部分是先确定可行再去做调研。任何报告的可行性都不是 100%,因为至少有两项指标是无法绝对恒定的。一是项目的客户渠道及市场,这是根据市场的变化而变化的,有 70% 的可控性就很不错了;二是商业项目的大背景,如政策、导向因素等,如能达到 70% 的把握那就有绝对的可行性。

其实,我们讲 70% 可行的决策模式,是在讲商业环境之中,没有 100% 无风险的投资。我们所有的投资项目,所有做出的决策,都不要去追求 100% 的绝对可行,这是一个伪命题,是伪科学。商业机会它是有时间节点、需求变化的。过度地追求一种保障，很可能会错过商机的时间节点和需求节点。

在做决策时，除了可行性的概率之外，更重要的是评估风险的可承受能力，如果你可承受失败的能力低于70%，我劝你不要去投资或创业。

70%可行的决策模式，即在商业环境中，没有100%绝对可行的，也没有绝对零风险的市场行为，70%可行即可作为决策的参考值。

放风筝原理与企业经营

创业投资，是一个高风险的行业，每一个加入该行业的先行者，都希望有一种成功的模式和标准可循，有终南捷径可走。

其实不然。每一个成功者都有自己的成功"秘籍"。这部"秘籍"具有独特的个体差异性，不是放之四海而皆准的"法宝"，它背后蕴含着天时、地利、人和以及付出等不同元素。

大家可能都放过风筝，风筝是怎么飞起来的？我发现，放风筝的原理与我们创业经营的原理存在共性。

1. 放风筝的必备条件

第一：是人。

第二：一条长线。

第三：风筝。

第四：有风。

对应创业经营：人，就是创业者；一条长线，是创业者的资源、资金；风筝，就是创业者的项目；风，就是行业的风口。

具备以上4种要素，就已构成进入行业的基本条件。有人而无资金，就不会有想法与项目；有人有资金有想法，就能瞄准投资创业的方向；具体的项目，等待适时的风口，风何时吹起，你就何时进入。

2. 放风筝的方式与原理

（1）快速拉升，借着风力，拉着风筝开始跑起来，先把风筝从地上带起来。

（2）控制节奏，有节奏地松紧，不断将风筝拉升，这时候你的线就要够长。风大你就放松线,风小你就要稍微拉紧线,这样风筝才能节节攀升。

(3)保持张力,风筝达到一定高度后,要保持线有一定的张力,人小跑或快走就可以。

细想一下,风筝放飞的过程,是不是与你从创业初始到创业成功的历程极为相似。

当风筝起飞的时候,你是不是要赶快拉动你的项目,很怕突然风停掉,也很怕其他的项目做得比你好,会失去竞争优势。如果把它当成一场比赛,一旦输在了"起飞线",就可能被淘汰了。

项目要做大做强,就像风筝飞得更高一样。其技巧在哪里呢?就是要控制节奏,保持张力,时松时紧。创业经营的过程当中,你不能一味地投入,或者一味地放松,这样的操作会适得其反。

同时也要看你手中的资金线有多长,以及如何控制资源的投放。如果资金线断掉,你的风筝可能就会随风飘落,甚至被别人捡走。

当风筝飞到更高的高度时,说明你的项目已接近成功或已经成功。这时候,你就不用那么紧张,所有的节奏都会持续在一个相对平稳的状态,让资金线保持一定的张力,维系着持续飞翔的良性循环。

大道相通,放风筝的原理,其实就是一个项目经营的过程。请记住"放风筝原理":快速拉升—控制节奏—保持张力。

希望这一原理能对创业者有所启发,强化对创业的认知及运营的掌控。

第十三章

经营哲理

> ● **本章导读**
>
> 一杯杯工夫茶，蕴藏着待人接物、经营管理的种种哲理。
>
> 耕田种地，竟然与创业经营有多方面的类似，需在坚持中追逐成功。
>
> "见山是山，见水是水"的佛家禅机，却同我们的创业经营有相通之处，我们的创业，何尝不是一种修行。
>
> 我们还可以通过逆向思维，由一生二、二生三、三生万物的关系来看事物发展的原点，矛盾的关键点。
>
> 世间的一切事物，唯一不变的，是一直在变，唯有当下才最真实。人生如此，企业也是如此。

企业也要活在当下

何为当下？

其出自《东周列国志》第三回："当下先见了申侯，禀命过了。然后服衮冕告庙，即王位，是为平王。"

当下本是佛教用语，可是民间也广泛应用，当下就是现在的这一刻。

当下也是佛教的计时单位，1分钟有60秒，1秒有60下刹那，一刹那有60个当下，也就是1秒有3600个当下。

那么我们所指的活在当下，是否意味着当下就是现在吗？也不尽然。我们讲的当下，是指此时、此地、此景、此人、此物，涵盖所有空间和维度。

于企业经营的当下，我们特指的是企业家的经营之道和心法哲学。

《金刚经》有云："过去心不可得，现在心不可得，未来心不可得。"心就是执念，就是想法，你不要把过去的执念带到现在，不要把现在的执念放到未来，不要把对未来的执念想法又置于现在。

这个就是活在当下的真谛，就是企业经营的心法哲学。这里有三个例子，我想和大家分享一下。

例一：放下执念的女人

在我看来，她是一个值得佩服的女人，现在50来岁，16岁就出来做生意。2000年前后，通过销售兽药农副产品，赚到一两千万元的资产。2001年左右，她丈夫也想做一番事业，就到附近的县城同人家合伙开了一家生产企业，由于经营不善，两三年下来，那些资产基本亏空，销售在外的产品应收账款有300多万元没收回来。

企业停产后的3年时间内，她丈夫基本上是活在追债的日子里，但收效甚微，每次都是过年的时候出去追债，但每次只能要回个两三万元，着实让人哭笑不得。

见到这般状况，她心想如果继续这样下去的话，老公就废了。于是，她找了个时间，买了张机票让老公出去旅游，散散心。几天后她老公回来发现，她将原来工厂的应收账款欠据全部烧掉了。她对老公说："你不要总是活在过去的日子里，亏了就亏了，如果你继续深陷其中不能自拔，那么你后半生也就完了。现在我在某个地方开了一个养猪场，你到那里去二次创业吧。"

讲真，很是佩服这个女人的气度和魄力。现在回头细想，只要不执着于过去，那么随时可以重生，即"过去心不可得也"。

例二：把明天的钱花完

大家只要稍微留意下周边的朋友，应该就能找到相似的个案。建筑商一般从甲方接下工程之后，就会将工程分包下去给各个专业分包。有这么一个老板，他花的是明天将赚到的钱，承包的工程项目，预期是1000万元的工程体量，利润大概有150万元。

工程做了一部分，第一期进度款大概有300万元。收了第一笔进度款，这个老板评估了下，我有150万元的利润可赚，先拿150万元去买了好车，剩余150万元付给下家原材料商以及一些分包工。

这一类大概就是佛家所讲的执着未来心。还没到手的150万元利润，却先花掉了。如果工程利润只有50万元呢？那就意味着起码有100万元的工程材料款得先欠着。

这一类人，做到最后的结局一般会是身无分文，一事无成。

这是否就是"未来心不可得"啊！

例三：疫情下抢着生产口罩的投机者

2020年初，新冠疫情发生后，两毛钱成本的口罩，价格飙升至几块钱一个，而且一罩难求。口罩生产行业内的人赚得盆满钵满，行业外的生意人，大部分都眼红。有一部分人，趁着政策的支持，四处收集资金，投资生产口罩。

原来十几万元的生产设备涨到一百多万元，生产口罩的熔喷布由几万元一吨迅速涨到几十万元一吨。而随着各地大量口罩生产企业的投产，原来一两元一个的口罩，出厂价跌到一毛多。这一批后续进入的投机者，大部分血本无归。所有投机者，都是把当时的市场行情，看作是未来的行情。

现在想想，这不就是《金刚经》所说的"现在心不可得"吗？

简言之，活在当下就是抛弃过去的执念，不要以过去的思维模式来考量现在的市场及企业；也不要把未来美好的愿景当成既定的现实；更不能把现状当作未来，以现状去看待未来。

引用曾国藩的一句话："物来顺应，未来不迎，当时不杂，既过不恋。"仅此，与诸君共勉。

格物致知，择其善者而从之

子曰："三人行，必有我师焉；择其善者而从之，其不善者而改之。"

意思是，孔子说："别人的言行举止，必定有值得我学习的地方。选择别人好的学习，看到别人缺点，反省自身有没有同样的缺点，如果有，加以改正。"

这就是人与人学习的基本方法。

学无止境。人生就是自我学习、提升、修行的过程，而对企业来说，也是一个从小到大、从弱到强的自我改进、完善、转型的过程，在这个过程当中，离不开的就是管理者的有效学习。

说到学习，每个人都有发言权。从一出生开始，我们就处于不断地学习当中，学走路、学说话、学拿筷子、接受教育等等。参加工作或创业之后，还要不断地参加各种专业培训班或总裁班，学习不同层级的经营及管理方式。

从学校到各种培训和研学，这是知识的传播途径之一，是有章可循的学习。除此之外，还有另外一种学习模式，那就是人与人的学习。学的是善行善为的能力，学的是谦恭善下的处世之道，学的是"泰山崩于前而色不变，麋鹿兴于左而目不瞬"的定力……

我曾经时常参加一些社会活动，其实收获最大的是与各类人员的接触。这真可谓"鱼龙混杂"，里面大的老板有几十亿身家，小的老板也有几百万的资产，每个人都有各自的性情及行事风格。简单罗列一二：

有宽宏大气而霸道的，做什么事都走在前头；

有世故圆滑的，好似把大家都当亲人好友待；

有思维极其敏捷的，脑袋转得比谁都快；

有看似阔气豪爽实际却极抠的，比鬼都精；

有脸皮极厚的，口碑不好，但处处赚到钱；

……………

各种人成就着各种不同的事业。他们当中有基业长青，生意越做越大的；也有大起大落的，一夜之间大厦倾倒；也有一直坚持走资本市场，最后上市的。

金无足赤，人无完人。每个人都有各自的长处和短处。你可以学习人家经营企业的模式，来改变企业的运营；也可以用人家的错误来"照镜子"，以免步他人之后尘。

建议大家有时间可以去看《格言联璧》这本书，其中有段关于学习方式的表述，自以为精妙且受用。在此，情不自禁抄录下来，愿和大家一起温习：

宽厚之人，吾师以养量；

缜密之人，吾师以炼识；

慈惠之人，吾师以御下；

俭约之人，吾师以居家；

明通之人，吾师以生慧；

质朴之人，吾师以藏拙；

才智之人，吾师以应变；

缄默之人，吾师以存神；

谦恭善下之人，吾师以亲师友；

博学强识之人，吾师以广见闻。

儒家讲究"格物致知"，不同的人具有不同的性情，如能融会贯通，师其所长，去其所短，当日益精进。

创业的三重境界

"见山是山,见水是水;见山不是山,见水不是水;见山仍是山,见水仍是水。"

这是宋代禅宗大师青原行思参禅的三重境界。参禅之初,见山是山,见水是水;禅有悟时,见山不是山,见水不是水;禅中彻悟,见山仍是山,见水仍是水。

这是佛家修行的禅机,讲究入世与出世,于尘世间领会真谛。

我们的人生又何尝不是一场修行,创业经营实际也是另一种"出家",进入体修的阶段,也有的如西天取经,终归要历经九九八十一难,方能取得真经而回。

第一重境界:见山是山,见水是水

创业之初,我们看到的商业圈中,个个腰缠万贯,生活惬意。创业之念,有的立下宏愿,要做一番事业,成为亿万富翁,登顶神坛;有的只是为告别过去的不堪,开启新生活。

入行之初,满怀憧憬,见到的山都是我们眼前的山,见到的水是眼前的水,山中"林木耸峙,百草丰茂",水中"秋风萧瑟,洪波涌起"。一幅幅美好的创业画卷似乎就在眼前。

这重境界,实际上是虚浅之象,你所认知的创业圈、生意场只不过是纯粹表象的东西,看到的是人家的荣华富贵,却未了解到背后的竞争压力。

第二重境界:见山不是山,见水不是水

所谓的进入某一个行业,就是钱已经投进去了,办公场所也租了,之前的工作也辞了,断了"后路",唯有全身心的投入。

这个阶段的你已是人至山中,舟到湖心。移形换影间,山已不是原来看到的山，水也不是原来见到的水。沿着山中小路，走着走着突然发现前面没路了；水中的舟驶着驶着也突然发现找不到方向了。这是大部分创业者都会面临的"惑"。

马化腾曾经想把 QQ 以 100 万元的价格卖给中国移动公司，当时的马化腾正也处于人在山中、舟在湖心的境地。

这个时候，为什么会见山不是山、见水不是水呢？

因为我们站在远处看山看水，是一种远眺，是一种初印象，以为见到的山就是山的全貌，见到的水就是水的城面。当你置身其间，就会发现山中另有乾坤，水里另有景象。

时过境迁，现在你所见的是行业内部的竞争，市场中的凶险，而之前所订的计划，不见得适应现在的发展需求，应该适时地做出调整，及时地更新计划安排，稳妥地拓宽产品线，精准地找出可行之路。

第三重境界：见山仍是山，见水仍是水

到了第三重境界，说明你已经步入山顶了。就像攀登珠穆朗玛峰一样，很多人会在半山腰就退回去，也有死在半山腰的，这些人不可能达到第三重境界，也终将难成正果。

当你置身这重境界，见到的山与水，同第一境界所见的完全不一样。第一重境界的人是站在山下或是岸边见到山与水，只是湖光山色而已。而达到第三重境界的人，见到的山是站在山顶往下看，自有"会当凌绝顶，一览众山小"的视觉冲击，将山雄伟巍峨的全貌尽收眼底。跋涉山谷，方才知晓山的险恶；穿流水域，方才领略水的浩渺。

创业犹如取经，好比登山涉水，如半途而废，永远不会有站在山顶上看日出的那一天。我想，李嘉诚、马化腾、马云、曹德旺些成功人士，他们见到的山，就是站在山顶往下看的山，水也是他们中蹚过的水。

从创业之初的表象，到跋山涉水的磨难，再到返璞归真的洞悉，不同的境界，不同的感悟。当人生的经历积累到一定程度，知道自己追求的是什么，这时，虽说看山还是山，看水还是水，只是这山这水，看在眼里已是另一番景象，已有另一种内涵和深意。

企业家及其成长之路

一、什么是企业家

企业这一名词来自日语，用大白话说就是从事经营的独立主体。而企业主，就是这家经营主体的所有者或实控者。通俗来说就是企业老板，有可能在公司任董事长、总经理一类的职务，也可以是某家公司的投资者、所有权人。

而那些个体户、小摊贩所属的经营，则不能称为企业，他们基本上没有按《公司法》的相关规定设立法人单位的主体。虽说都是生意人、商人，但不能称之为企业主或企业家。

网络搜索名词解释，称企业家是来自法语（entrepreneur），原意是指：冒险事业的经营者或组织者。在我看来，结合汉语对"家"的定义，其应该是企业主，而非企业家。

家，一种意思是家庭的住所，另外一种意思是具有专门学识或从事专门活动的人。比如书法家、画家、科学家等，企业家应该也是一种。能称得上"某某家"的人，基本上有自己的专业理论、代表作品、技术成就，否则只能称为工作者、从业者。

会弹钢琴、教钢琴的很多，试问又有几个能称之为钢琴家；从事专门科学研究的很多，如果没有技术突破及科研成果，谁又敢妄自称为科学家。

但在我们的宴会场所、洽谈现场、座谈会场等地，凡涉及经营的与会人士均会被尊称为"企业家"。出于对嘉宾尊重的考虑无可厚非，但这种大而全的泛指，感觉有些太过随意，称为一个行业的某某家，竟是这般轻而易举。

五千年的华夏文明，能自成一"家"者，必定是在某一领域取得显著成就，抑或在某一群体中出类拔萃者。显然，行业的从业者和行业的某某家是两个概念，两者相差甚远。如，演员与艺术家，画工与画家。

究竟什么样的人能称得上企业家呢？我们可以从以下三个角度来评判：

1. 企业发展成规模是企业家的入场券

企业主不一定是企业家，但企业家可以是企业主，也可以是企业的实际控制人。早在民国时期，就有实业家、银行家、资本家等相关称谓。实际上，这些"家"的背后都有一定的产业和实力作支撑。

那么，多大的规模算门槛呢？在这里，我们无法用具体的数据来衡量，但是可以用区域范围或行业范围来界定。在一定的区域内，你的企业是否拥有影响力；在特定区域的某个行业内，你的企业是否为龙头标杆，是否具有头雁效益。

当然，企业家也有大小之别。往大的说，如任正非、马化腾、马云等，他们当属国内乃至世界级的企业家。往小的说，则是具有区域影响力的企业家，如具有省级、市级甚至县（区）级影响力的企业家。

在我看来，能称为企业家者，发展上规模、行业能领头、企业有担当，三者缺一不可。

2. 担当社会责任是企业家的身份象征

假如你的企业规模在同行业中为翘楚，但企业实际控制人却没有社会责任担当，甚至挑战道德底线，触碰法律高压线，这样的身份显然不"光彩"，自然也难入企业家之列。

在现实中，一个有担当、有社会责任的企业家，同时也是一个慈善家。如何体现一个企业家的社会价值，除了企业对员工的正常回报之外，应当是能在不同方向帮助社会的弱势群体，解决某些社会需求，这样才能无愧企业家的称号。

3. 知名企业家必须传递正能量

能否成为一位知名企业家，更大程度取决于个人的经营理念、行业经验、创新能力、正能量的传播、公益事业的投入等等。你的企业，就是你的产业、你的事业；你的成果及自身，是企业的形象、广告、旗帜，是企业的一种无形资产。如果你在企业经营上做到了极致，又能在弘扬主旋律、传播正能量及热心公益事业等社会责任上彰显担当，那你就能大概率跻身企业家金字塔塔尖，成为一位知名企业家。

二、企业家的成长之路

如何能成为企业家，一般来说，应经过"有我""非我"的阶段，一般到了"自我"时，才是企业家功成名就之时。

第一阶段：有我

创业者在创业初始，往往是因个人的一种喜好而涉足一个行业，也有些是因为专业特长接触到的圈子，抑或是为生活所迫，为谋生而创业。

原因各不同，主角却相同。这时的你，有自己的想法、计划、愿景和追求，我们把这种伊始阶段称为"有我"。每一个创业者都会有这样的经历，充满阳光，心生希望，一切行事都是按照之前的计划有序推进，仿佛宏伟的发展蓝图已然绘就。

第二阶段：非我

企业在经历了九死一生的初创期后，接下来则是进入一个发展期。这个时候的你，已不是独立个体的你。你的坚持，很多时候是出于对合作伙伴、对公司员工的一种责任。

你的命运与企业的存亡息息相关，与广大客商、员工的命运紧密相连成"共同体"。这背后关联的是众多合作伙伴的生存，诸多员工家庭的生计，你已是"非我"的状态。

第三阶段：自我

企业迈过初创期，走过发展期之后，会达到一个稳健期。这时候企业有规模、有资产、有积累。此时的企业主开始有一种回归的感觉，可以追求一种"自我"。

面对"自我"，你可以有新的想法、新的规划，把企业的发展带到另一层次；也可以把企业的部分事务交由职业经理人打理，去追求自己的一些爱好，去做一些社会公益。切实通过"自在"的生活，感受"自我"的价值。

企业家的成长之路,可以简单地概括为"有我—非我—自我"蝶变过程,这是大部分创业者走向成功的"必由之路"。这三个阶段,不断改变着个人的思维模式,影响着个人的行为结果。

并非所有创业者都能成为企业家,能否成为企业家,取决于个人的努力、选择以及时代的背景等等。广大创业者在前行的路上,要以"功成不必在我"的精神境界和"功成必定有我"的历史担当,搏激流,创佳绩。

从一生二、二生三、三生万物看事物发展的原点

从几何学的角度来说,点是零维;点动成线,是一维;线动成面,是二维;面动而成体,是三维。

由点、线、面至体来看,复杂的东西,不外乎由多少面及线构成,而归根到底则是由点的移动构成。

五千年华夏文明孕育的传统文化博大精深。几何学点、线、面、体的构成原理,竟同道家老子的理论相吻合,老子曰:"道生一,一生二,二生三,三生万物。万物负阴而抱阳,冲气以为和。"

用老子的哲学理论来解释几何学,可认为道是空间为零,空间生一,一为点,点生二为阴阳,阴阳二点联结成线,阴阳结合而生气,形成三点,三点相连而成面,面成而动则为体,是为万物由来。

万物来说皆是由三而生,三由二而来,二由一而得。"一生二,二生三,三生万物",反过来看,就是万物皆有源。

我们再来看下点、线、面、体,所有的体,归根到底都是由点而引起的,点是最小单元格,最基本的单位。我们追溯万物及主体产生的根源,其实是在找一个原点,即用哲学的思维及数字几何的理念来分析,解释在经营管理中的复杂现象,以寻找事物的原点。

1. 公司再大也有核心人物

不论是数万之众员工的大集团公司,还是几个员工的"袖珍"公司,都有一个主心骨或核心人物,这个人大多为公司的创始人。在核心人物的带领下,企业"家人"由一而生二,二生三,三生公司万千之众。这号人物,如华为的任正非,腾讯的马化腾,等等。

2. 任务再难都是人来完成

再精细的计划，再宏伟的蓝图，如果缺乏有力的执行和落实终将是一场空，而执行和落实的关键还是在人。

公司的一项计划或一个项目，从方案制订到落地实施都要有人负责跟踪对接，没有人负责的计划或项目，最后只会不了了之。

莫说一个企业，就算是国家一项政策的实施也是这般操作。如国家的扶贫计划，关键点就在村一级，所有的政策对接，所有的扶持举措，最后都是下沉到了村一级，并由其负责对接落实。

3. 任何矛盾的产生都有一个触发点

复杂的事情简单化，简单的事情点状化。

很多时候公司内部冲突和矛盾的激发，都是源于一个点的触发。看似复杂的东西，究其源头就是一个点。那些聚众闹事的，往往是由某个人或某件事引起的，搞定那个人或平息那点事，这场"闹剧"基本上也就可以收场了。

4. 任何安全事故都因隐患点而起

千里之堤，溃于蚁穴。

于企业而言，安全生产无小事，安全生产是最大的效益。企业要强化员工的安全生产教育，提升大家的安全生产意识，并常态长效地开展安全隐患排查。切不可因为一时的疏忽大意，让某个隐患点成为"漏网之鱼"，从而引发安全事故。

5. 任何成就都源于点滴的积累

古语有云："九层之台，起于累土；千里之行，始于足下。"创大业，做大事，所有的功成名就，都是踏踏实实一步一步积累而来，没有捷径可走，没有机巧可投。

由一而二，由二而三，三生万物，这是事物的发展规律，形象点就是点、线、面、体的变化轨迹。但千变万化终有迹可循，能在千丝万缕中找出那条线，就能寻找到解决问题的关键点。

点—线—面—体是正向发展的思维模式，而体—面—线—点是逆向解决问题的行为逻辑。

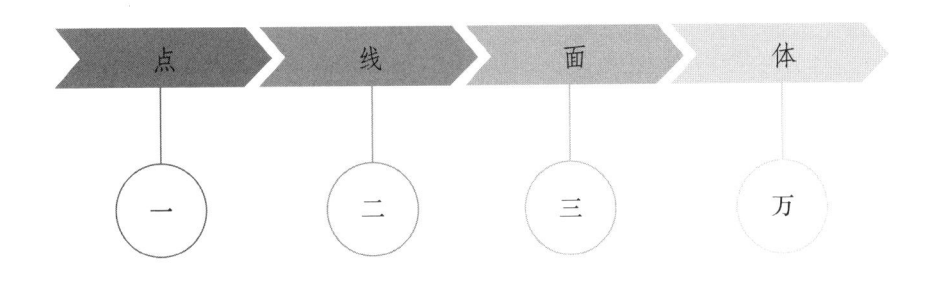

点	线	面	体
一	二	三	万

点线面体几何学与道家思维的吻合

商人的角色：神仙、老虎、狗

任何一个企业家，最本质的角色就是商人，这种本质属性不能更改。这是由企业的利益追求，社会的生存需求所决定的。抛开了这一前提，企业家就不是企业家，可能与普通人没有任何差别。李嘉诚说："不要用那些空洞的道德来衡量我，我只是一个商人。"因为你首先是一个商人，然后才是所谓的企业家。

商人是什么样的角色，在社会上又有着什么样的定位？从古到今，对商人的评价都不是很好，俗话说："无商不奸"，这是对商人狡猾的一种刻板印象，更有唐代诗人白居易的佳句"商人重利轻别离，前月浮梁买茶去"。言之凿凿，流传久远。

实际上，我们对商人角色的这种刻板印象是片面的，他们既是为社会做贡献的企业家，也是为企业谋利的主导者；他们既有社会责任的担当，也有追逐利益的行为。客观地讲，我们应该全面而系统地来看商人的特性。

记得在2000年前后，一位知名企业家接受电视台采访时，记者问了他一个如何评价自己的问题。他说了一句很形象的话："就是神仙、老虎、狗的结合。"这么多年过去，这位企业家的名字一下还记不起，但是这句话却深深地印在了我的脑海里。结合这么多年的创业、经营经历，时常回味起这句话也是颇有感触的。

1. 神仙——相对的自由自在

体制内的人员及普通员工，会比较羡慕老板的自由自在：上班不用看时间，想去哪里都不用向谁请假，上可住五星级酒店，下可吃路边摊，无拘无束，逍遥自在。

随着社会的发展和进步，现在的交通发达，出行便利，可日行千里；公司可通过 ERP 管理系统，远程办公……看起来，这就是神仙般的生活。

2. 老虎——弱肉强食的丛林法则

老虎是森林之王，讲求的是弱肉强食的丛林法则，看谁跑得快，看谁更凶猛。

企业主在企业内可谓是一只老虎，企业之王，可以安排各个员工的工作任务，也拥有奖励、处罚、雇用、开除员工的权力。而在对外的经营当中，企业主是代表企业在厮杀博弈，唯有像老虎一样，快速奔跑驱逐竞争者，凶猛御敌，才能守护领地、保护种群。

3. 狗——摇头摆尾嗅商机

狗是人类忠实的朋友。你有东西给它吃，它就对你摇头摆尾。同时，狗也有高度警惕的听觉和极度敏锐的嗅觉，它们能快速感知入侵者或凭嗅觉寻找猎物。

商人有时候也是这样，对一些大客户，在他们面前你既要谦卑，又要奉承。但凡有求于人，不管你老板大小，都可能要听人言语、看人脸色，这境遇似乎同狗没有太大差别。

同时，作为一名企业家，你又要先知先觉，提前察觉市场动机，提前知晓风声，以便有时间去做好准备，去抢占市场先机。

商人，他们是拿着身家性命在赶路奔跑的人；他们是你在老婆孩子热炕头时，还彻夜深耕的人；他们是拿出全部身家性命谋生经营，功成则还可以，一败将一无所有，负债累累。

请善待这个神仙、老虎、狗的"结合体"，可能神仙是一时的，老虎是短时间的，更多的是像狗一样为着企业的生存发展而摇头摆尾。

种地与创业经营

悯农二首
其一
春种一粒粟，秋收万颗子。
四海无闲田，农夫犹饿死。
其二
锄禾日当午，汗滴禾下土。
谁知盘中餐，粒粒皆辛苦。

这是唐代诗人李绅的组诗作品《悯农二首》。初读的时候，对农民的辛劳记忆犹新，历历在目。春天开始播种，历经辛苦，等到秋天开始有收成，每一粒果实都是辛劳的结晶。勤劳的农民以他们的双手获得了丰收，而他们自己却是两手空空，惨遭饿死。

细想，如果打破时空界限，其实种地和创业有着惊人的"相似"。古代农夫耕作的地，就好比是企业主创办的企业或项目。收成饱含汗水与辛苦，无异于经营所得的每一分钱，都是经营者付出努力与勤劳的"结晶"。惨遭饿死的农夫，在现在破产的创业者中也能找到"原型"。

无巧不成书。没想到，古代的农夫与现代的创业者跨越时空，竟然有着同样的"宿命"，只不过"战场"不一样而已。我们不妨用种地的过程来揭示创业经营的历程。

1. 土壤—资源

橘生淮南则为橘，生于淮北则为枳。不同的气候与水土决定着适合种植的品种，我国北方更适合种苹果、梨等果树，南方更适合种柑橘、荔枝等水果。这是由当地气候、水资源、土壤成分等独有的自然资源环境决定的。

而对创业经营来说，你在投资一个企业或者初创一个项目时，也要对当地的资源进行有效评估，包括人才供给、产业配套、资金来源等。其实，项目投资或是创业初期，像农夫种植一样，水源，视同资金；土壤，就是资源；果树，等同项目；耕作，即为管理。

2. 播种—梦想

有经验的农夫，会挑适合土壤的农作物来播种，期待着秋天的累累硕果。

作为创业者，当你播撒了项目这颗"种子"的时候，意味着你资金的投入、个人时间的投入，也意味着播种了梦想，期待收获成功的喜悦。

3. 耕作—经营

种子已播，果苗已种。如果农夫种的是水稻、玉米等农作物，金秋时节即是收获的季节；如果种的果树，那要等待三年左右的成长期，才能开花结果，才能有收成。这个过程是漫长的，也是需要付出的，需要用心用力地耕作。这点和实体企业的经营是相通的。

果树种植的三年时间里，需要不断地投入，包括人力、资金、设备等等。这个过程基本上等同于初创企业的发展过程。办实体企业，没有三到四年的积累，很难上规模有收益。几年时间下来，你的时间、精力、积蓄以及企业盈利，都变成了设备及生产规模。如果在这阶段"掉了链子"，可能就会被淘汰出局，再勤劳的农夫也得饿死，再努力的老板也得破产。

在企业的成长期，你要像农夫一样坚持辛勤的劳作，不断地努力付出，才能有经营的局面可言。

4. 结果—收获

果树经过三四年的成长期后，就进入了挂果期，农夫开始初尝收获的喜悦。这是比较理想的状态，但是很多时候，农业是靠天吃饭的，说不定一场台风或大水，就可能将你一年甚至几年的辛苦化为泡影。

农业种植如此，创业经营又何尝不是这样。当每家企业、每个老板都在憧憬着丰收的喜悦时，可能因市场的变动、行业的危机、客户的流失，而造成投资的项目颗粒无收，尽管倾尽所有，但是没有任何回报。

　　当然，天灾人祸是有概率的。天道酬勤，只要你付出了，努力了，在瓜果飘香的金秋时节收获硕果累累，品尝成功的喜悦仍然是大概率事件。

　　我们将种地与创业经营做比较，希望经营者能从辛劳中看到希望，能从坚持中看到成功的果实。也让想要创业的群体，让他们知道创业的路径，不是一播种就会有收获，是需要全心全力地去精心耕作，还要有坚持、等待、取舍的种种，最后才能收获成功的果实，丰收的喜悦。

唯一不变的，是一直在变

每一个产品、每一家企业、每一个人都有生命周期。一个人的生命延续，不是自己能活多久，而是在传宗接代，在于新生命的诞生，家族的延续。而对于企业，如何延续生命呢？是在于企业主的推陈出新，还是在于企业产品迭代呢？抑或二者兼而有之，抑或压根不是这原因。

市场每时每刻都在变化着，而客户的需求也在不停地自我调整。企业的产品或是客户的关系，最终就像一名公司职员一样，要不哪一天炒了公司，要不公司哪一天让你离开。似乎是那么无情，但这就是市场规律，是客观存在的变数，不以企业或个人的意志而改变。

每一家企业都应存在危机感，都要有哪一天被客户抛弃的预期。因为客户的客户也会不断升级，不断去满足其客户的需求。如果无法满足其需求，你的客户也会被其客户踢出局，或是在市场上销售的产品无人问津。

残酷的市场竞争，无止境的需求升级。让每一家企业都战战兢兢，如履薄冰。要改变这一结果，那就要借着现有的客户，完善产品体系以及服务、管理体系等，让自身再上一个台阶，进入新的阵营当中。

经营企业，你应当明白这一规律：就是你的企业要在现有的基础上不断更新、不断升级，不管你的客户是C端个人还是B端企业，不管你的客户是国际一线品牌，还是在国内一个三线城市的区域加工厂。你面临的问题，有着类似的状态，要不淘汰客户，要不被客户淘汰。

苹果这一国际品牌，每年都会对供应商进行评估考核，基本每年都有十几家以上的企业被踢出供应链。接入苹果供应链的企业，要么是上市公司，要么就在上市的路上。但每家企业，一旦离开其供应链条，都会受到重重的致命打击，业绩急剧下滑，有些企业的某个事业部还必须切除，裁员甚至破产等。

这是客户对供应商的选择，要么你的产品无法满足其新品的需求，要不你的企业的服务、管理跟不上其流程。不要你的话，只要一个理由就足够，虽然你有百种、千种的好，但只要无法满足其要求的某一点，就会被踢出局。

企业业绩急剧下滑或退出某一个市场，有些是跟不上客户的需求所导致，有些是受到市场产业变革所导致。也就是企业的创新、变革，跟不上市场、时代的变化，跟不上业内同行的创新与变革。

诺基亚、摩托罗拉手机的衰落，是苹果手机带来的产业变革，智能手机的兴起所致。这两家原来是行业的龙头，神一样存在的手机品牌，但跟不上时代、市场的变化，一样面临优胜劣汰。

不同的年代，同样的情况，还会继续发生着。5G 的到来，也将给 3C 产品的变化带来更多的想象空间。这几年，随着穿戴产品的兴起，一些行业也会做出调整、洗牌。以耳机为例，现在的无线蓝牙耳机已在市场上逐渐代替有线耳机。很多有线耳机的生产企业将面临这一行业的变革，如跟不上新产品的研发、生产，将随着市场的变化而被淘汰。

做企业，要么踩着现有的客户肩膀再上一个台阶，走向新的规模与阶段；要么被现有的客户所抛弃；或是跟着时代的变化、市场的需求迈步前进，如若不然则被时代远远地舍弃。在很多时候，很多企业都不知道为什么会被丢得远远的。

唯一不变的，就是一直在变。你的企业要变在客户之前，并且要跟着市场的变化而迭代。这才是企业的生存之道，才是企业的长生之道。

潮汕工夫茶中的人文哲理

中国茶文化盛行于唐朝，而潮汕工夫茶起于明代，盛于清代，成为广东潮汕地区一带特有的饮茶习俗文化现象，是潮汕饮食文化的重要组成部分，被尊称为"中国茶道"，是"潮人习尚风雅，举措高超"的象征。

道不远人，而人人自远。在潮汕地区，近千年的饮茶习俗代代相传，品茶早已成为潮汕人生活中不可少的一部分，但凡有客人来访，好友相见，都是以一壶茶来陪衬。但是，如果你要问起他们冲茶有什么技巧，大部分人应该只会说"关公巡城，韩信点兵"这两句术语而已，其他一概不知。

潮汕地区是一个特别的族群，有自己的《潮汕字典》，自己的音乐传承、饮食文化、宗族文化、艺术根基、经商传统、农耕文化，有潮汕菜、雕刻、陶瓷、音乐等民间工艺和非物质文化遗产等等。

潮人多远游，四海留踪迹。一道工夫茶，也随着几千万华侨的足迹而遍布世界各地。如今，在全国各地随处都可看到冲工夫茶的，工夫茶已逐渐不是潮汕地区的特有，而成为全国人民共享的饮食文化。

一、品味传承，隐于生活中的茶道

我是一名土生土长的潮汕人，在外地看他们喝工夫茶，实际上只是学到了肤浅的表皮，而未领会骨子里的精髓。现在各地喝茶的，一是品香气；二是讲茶肉；三是讲茶源。谈的是此茶来自哪里的高山老茶树，一斤多少钱。呜呼哀哉，这与工夫茶的本意相去甚远。

老子曰："五色令人目盲，五音令人耳聋，五味令人口爽……是以圣人为腹不为目，故去彼取此。"而今人则去此取彼，在于色，在于音，在于味，离本意越来越远。说的就是这个道，这个理。

我的爷爷是一名勤劳朴实的农民，文化不高，曾经是村里生产队的队长，只会写生产队队员的名字。记得我小时候，爷爷在农闲时，经常会邀上三五个邻居或队里的队员，大家聚集在客厅里一边喝茶，一边纵古论今、谈天说地。每次冲茶，都是我爷爷主座，自己烧水、换茶、冲茶，久而久之，冲茶的陶罐里面结满了茶垢，原来可以冲三杯茶，后面只能冲两杯茶。爷爷把那冲罐视为至宝，用铜线缠住外表面，小心翼翼地保护起来，生怕会被摔坏。

当客人走后，剩下爷孙两人时，我也会蹭上去喝杯茶，这时爷爷就开始同我聊天，不经意地说起冲茶里面的门道。

"酒要给人斟满，茶八分就可以，等下满了，太热，就拿不起来。"

"茶不要冲满，事不要做绝。"

"冲茶，第一道茶是洗茶，第二道茶是最好的茶，这是要给客人喝的。"

"对于客人，越是远道而来的客人就越要尊重，要让他们先喝；再者就是上了年纪的老人家，冲出来的茶要让他们先喝。"

"一般我们做东冲茶，人多的时候，第二道茶是不能喝的，要让给客人先。其实做东（中）的，要吃得起亏。"

"好的冲茶功夫，一定是三杯茶的茶水一样多，颜色也一样，这才是会冲茶的人。否则，有的人茶多，有的人茶少，颜色也是有的浓，又有淡。"

"你看，冲茶一巡一巡，是叫关公巡城，把几个杯子倒均匀，后面一点叫'韩信点兵'，这几点就很关键咯，哪杯少就多点下，哪杯淡，后面几点就给它。"

"烧水的时候要控制火候、节奏，看客人不怎么喝了，就要把火热降缓，慢慢来喝。"

"有客人过来，我们最好是换上新茶，表示欢迎，尊重客人。"

"如果你到别人家做客，那茶已经是很淡了，但是主人还是冲着那泡茶，就表示主人家里有事，意思是要送客，那么你就要识趣点走人。"

"天气寒冷的时候，有人冲出来的茶一下就冷掉，有人冲出来的茶还是热乎乎烫嘴的，这是有技巧的。"

············

几十年后,回味起爷爷关于冲茶的文化教导,仍然记忆犹新,受益匪浅。

再看看现如今的冲茶,似乎绝大多数已无道可言。所谓的茶艺,只在于技巧、辨茶、闻香,只能说是有一定的观赏性,但绝无内涵和灵魂可言,金玉其外,败絮其中而已。

细品一下,道理自在其中。潮汕人崇尚经商,实是工夫茶的内在精神与潮汕人的经商文化有千丝万缕的关联,那是工夫茶的精髓注"浸"入了他们的为人处世、创业经营的经世哲理。

工夫茶对于潮汕人来说,是生活不可或缺的一部分。潮汕人品茶其实并不仅仅为了达到解渴的目的,而是在品茶中或联络感情,或互通信息,或闲聊消遣,或洽谈贸易,潮汕工夫茶蕴含着丰富的文化内涵。

其实"道"就在我们的粗茶淡饭里,世人所谓的"道"也不见得是真正的"道"。

工夫茶,只是一道人家烟火,积淀着中国传统文化的深远内涵,包括待人接物的礼仪,行为处事的方式,也预示着一些事物的客观规律。

现在,我们通过工夫茶的深意,来揭示一下潮汕人文化的哲理。同时,也希望我们喝工夫茶的时候,能领悟到茶道真正的内涵,不流于品茶而失内理。

二、工夫茶中的人文哲理

1. 一壶三杯,有主有次

在老一辈人喝茶的时候,不管是多少人,只有三个杯子。一个冲罐,三个杯子,一个茶盘,而冲罐冲出来的茶水,一般也就三杯,人多就轮流待茶,以客人、长者为先,论辈排资,主次有别。

三个茶杯的设置并非随意为之,"三"在中国传统文化当中,有其特定的含义,代表天、地、人三才。老子曰"一生二,二生三,三生万物",三是万物由来,变化的关键节点。同时,三个杯构成"品"字形结构,是"贵"的象征。

2. 两句术语，道理自明

关公巡城，是指在冲茶的过程中，水流不断，巡灌过去。

韩信点兵，是茶冲到差不多时候的点滴，这是最后的关键，这一点点，是将茶水调成三杯同等颜色的技巧所在。

其实，在日常生活和企业管理当中，关公巡城就是例行事务，而韩信点兵则是对关键点的处理，也就是我们常说的个例，能否把事情做好，往往就在几点之间。

3. 三杯端平，茶颜一色

用冲罐冲出来的茶水倒往杯中，三杯放在一起，水是一样平，不多不少，茶色也一样，无浓无淡。

现在的冲茶，大部分人是用一个公杯将冲好的茶水分别倒入茶杯中。而老茶客一般还是会沿用传统的冲茶方式，这是对冲茶人功夫的考验。

三杯水端平，茶颜一色。这是考量冲茶者的功夫，也是为人处世的方式，能否一碗水端平，能否不亢不卑，能否人人面前一样的面色。

4. 茶有冷热，味有浓淡

茶道深远，寓意绵长。这是茶里面的人情世故，茶有冷热，就像人与人之间一样，有亲有疏，有冷有热。世俗也有人走茶凉的说法，比喻世态炎凉。

而味有浓淡，也是人与人之间关系远近的象征义。工夫茶里，茶是要趁热喝，茶味淡了就要重新换一泡。

世间事，皆如此。凡事要讲究趁热打铁，一旦淡了远了，你就得重新换一种方式或另辟蹊径再为。

5. 先客后主，长幼有序

冲茶的人，一般为东家，入门即为客，客有远近、长幼之分，远来者贵，礼应先敬，长者为尊，远客后而尊长，这是工夫茶的基本礼教和礼仪。

东家冲茶，第一冲为洗茶，第二冲为贵茶，即最好的茶水。如果客人加上东家有三个人以上，礼当客人先喝，东家为后。

在创业经营中，东家往往不是第一个喝茶获利的，红利可能先要分给你的合伙人。这样人家才会愿意与你共事，才会愿意为你办事。"财散人聚"的道理大家领悟起来易，操作起来可能就要看气度与格局了。

6. 先苦后甘，茶满八分

潮汕工夫茶，一般茶叶加的比较多，茶色茶味较浓，入口先苦后甘。这一点，在潮汕地方文化当中有着直观的体现，潮汕人养成了吃苦耐劳的品格，他们认为要成事，就得先苦后甘。

茶满八分，意指茶杯若是斟到全满，则无从端杯。这就与做人做事的道理相通，凡事要留有余地，要给人台阶下，切不可把事做满做绝，正所谓"做事留一线，日后好相见"。

7. 客有客规，切忌拖大

人是互相的，别人尊重你，你也要尊重别人。假如你到别人家里做客，要尊重主人，一忌妄自尊大，人家没请你喝茶，或是还没轮到你的时候，你就越过长者或尊者拿茶，那是不礼貌的行为；二忌杯留残汤，一杯茶喝过之后，杯中留有小半杯，应将残汤倒进茶池中，因为该茶杯洗净后还有他人要喝；三忌嫌主茶劣，主人拿什么茶你就喝什么茶，茶差可以少喝，但不要表现出嫌弃的态度，这是做人的基本素养和礼仪。

8. 以和为贵，把控节奏

品茶、议事，是潮汕工夫茶的特色，好多生意都是在喝茶中谈成的，但凡碰到难以解决的问题，都会招呼对方先喝杯茶，缓和一下双方的气氛，这样更有利于接着往下谈。

而冲茶的人，更需懂得冲茶过程中时间和节奏的把控，茶喝多了，那你要放缓节奏；需要喝茶调节气氛的时候，你就要尽快把茶冲出来。这节奏的把控考验的是你平时待人接物的功夫。

9. 茶有优劣，人无高低

一盒茶叶，品相有优劣，好的上万元一斤，品相低点的话，几十元一份。客应随主便，主人喝什么茶就喝什么茶，客人不能因你身居高位而特意做作，主人也不能因客人的暂时卑微而降低标准。工夫茶道，应是茶虽有优劣，但人无高低，三杯端平，杯不同而无异色。

工夫茶，我们虽不以茶道自诩，但也是道中有道，虽不曾以艺命名，但也无艺而艺。

三、结语

关于潮汕工夫茶的此番说辞，乃出先辈的言传身教及自我的肺腑感知，因知工夫茶，最具凝聚力，昔人开其端，历代有增益，乃成茶文化，世世沐膏泽。

统而言之，潮汕人的经商传统及商业文化，是集地域特色而成。一则临海而居，受海洋文化的"熏陶"，极具冒险精神；二则山多地少，养成精耕细作的经营传统；三则潮菜制作，鲜美精细而推陈出新；四则潮汕工夫茶乃待人接物之道。这四种独具地域特色文化的有机结合，铿锵自信地开启了潮商经营之道。

经营者之路，亦人生之路也。

后　记
经营者是谁

什么是企业经营？

企业的经营，不同于管理，企业的经营涵盖了对企业发展的筹划、谋划、组织、治理、管理等内容。经营侧重企业整体动态的谋划、管理、创新、发展等内涵；而管理一般指如何保持企业合理正常地运转，更多的是静态的体现。能任职企业某方面运营的管理者，未必能全面有效地运营一家企业。

那么经营者是谁呢？

企业主要负责人也！所有的企业，都有一个真正的负责者，这个人就是经营者，就是这家企业的主心骨，这家企业的精神领导者、支撑者。

这个人可以是上市公司的董事长，也可以是某家中小型工厂的厂长，还可以是一家小店的店主。看这个人是不是经营者、企业负责人，最明显的特征，在企业里面，他就是问题的终结者。所有问题、困难归根到他那里，就是没有问题，没有退路，没有第二个人代他说话。

经营者，大部分是企业的创业者。他经历着企业从无到有，从小到大的整个过程。在这过程当中，披荆斩棘，历尽沧桑。可能曾经借过高利贷，也曾经低三下四地同客户赔过笑。

艰辛，是经营者的写照。

经营者，大部分也是企业的管理者。他要知适时进退，及时调整企业的经营策略；他要了解企业的财务状况，做出资金调度；他要排兵布阵，制定公司的组织框架、落实各个岗位人员到位。他也是公司产品的开发人，规划着公司产品链的设计。他可以不是全才，但大小事情都要知道一二。他可以不直接去处理、完成某件事项，但往往是某件事、某个项目的直接负责人。

经营者，不但要熟知企业各个时段的动态，更要站在不同角度、更高的位置，看半年、一年、三年、五年，甚至十年的产业发展方向。他要有极其敏感的行业冷暖感知度，还要保持日常的忐忑，担心哪里出现差错。

因为他是企业的最终负责人，无人可替代。

经营者之路，很长很长。有九曲十八弯，有登山也有涉水。路两边有风光无限，但也有悬崖万丈；路中也曾见人起高楼宴宾客，也见楼塌无人敢亲近。

山高水长，路漫漫其修远矣！

我也是一名经营者，一名创业者，从无到有，从小到大，尚还在经营之路中，但深谙各种体验。

我也是一名管理者，从战略、财务、人力、营销，有不同角度的了解与施行。

《经营致胜》，实质上就是创业及经营中所走过、经过、看过的各种景象，收获的一番心得与领悟。你在旅行中，看到的是各种风景；而我们在经营这条路中，不只是看到，更多的是尝到种种翻山越岭的艰辛，超越困难后的喜悦。

  我愿你能从这本书中，熟知创业的途径，并在商海中建立自己的经营理念与策略，能长久地持续经营；同时可以从企业的不同层面进行思考，站在经营者的角度去看待财务、经营；也能从战略、人力、时间、定律等多方向、多角度解决个人自身及企业经营的各项问题。期待你能在此书中有点滴的收获，助你一言之力。

  在漫漫的经营之路上，愿本书作为一盏小灯，照亮你我的前行。

吴伟銮

2022 年 1 月 3 日